L'APPEL DES SIRÈNES

ROMAIN COMTE
AVEC ANTONIO RODRIGUEZ

L'APPEL DES SIRÈNES

Vocation : sapeur-pompier

COLLECTION **DOCUMENTS**

cherche midi

Vous pouvez consulter notre catalogue général
et l'annonce de nos prochaines parutions sur notre site :
www.cherche-midi.com

30, place d'Italie
75013 Paris

Mis en page par Nord Compo
Dépôt légal : octobre 2019
ISBN : 978-2-7491-6230-0

À Fanny, Luce et ma famille

À l'équipe qui partage mon quotidien
au centre de secours

« Si la vie humaine n'a pas de prix,
nous agissons toujours comme si
quelque chose dépassait, en valeur,
la vie humaine… Mais quoi ? »

Antoine de Saint-Exupéry, *Vol de nuit*

1

« ALLUMER LE FEU »
JOHNNY HALLYDAY

1

La sonnerie stridente du bip me surprend chez moi, pendant ma pause déjeuner. Lorsque je le saisis pour découvrir mon ordre de mission, je ne peux m'empêcher de lancer un « Woow » – qui résume à la fois la préoccupation et l'excitation que je ressens à cet instant.

Au lendemain de l'incendie de la cathédrale Notre-Dame de Paris, je suis à mon tour mobilisé pour préserver notre patrimoine. Fanny n'a pas besoin de plus de détails pour comprendre que je suis parti pour le reste de la journée, que je rentrerai tard ce soir. Elle connaît par cœur les caprices du bip, comme s'il faisait partie de la famille. Pendant que je me prépare, elle me sert un café que je bois d'une traite.

La Clio de service est garée devant la porte de la maison, le plein est fait et ma veste d'intervention se trouve dans le coffre. Je suis prêt. J'embrasse Fanny et je saute dans la voiture. Depuis mon domicile de Paray-le-Monial, j'en ai pour près de quarante-cinq minutes avant de rejoindre mes collègues. Je respire profondément et je lâche mon mot fétiche pour m'encourager : « Go ! »

Quelques heures plus tôt, à la caserne, nous avions exceptionnellement branché les téléviseurs sur les chaînes d'info pendant notre temps de pause. La situation à Paris l'exigeait. Nous étions impressionnés par l'ampleur de l'incendie mais aussi par les moyens colossaux mis très rapidement en place pour sauver la cathédrale. Ils étaient près de 460 pompiers. Un chiffre inimaginable chez nous dans un délai aussi court.

Impressionnés aussi par le courage de nos collègues, en particulier ceux qui s'étaient engouffrés dans la cathédrale en flammes pour sauver ses trésors, comme la sainte couronne et des reliques inestimables.

Ce drame nous a tous touchés. Tous, nous étions des observateurs frustrés d'être si loin des flammes. Bien que nous ne souhaitions jamais qu'un incendie se déclenche quelque part, dès que le feu prend, nous voulons tous y aller.

Aujourd'hui, c'est l'un des plus beaux joyaux de notre patrimoine qui est en péril. C'est l'aspect noble de notre profession qui se joue ici. Nous sommes les seuls à pouvoir combattre les flammes – alors que, sur un accident, nous nous retrouvons aux côtés des gendarmes et du SMUR. Pour nous, l'incendie, c'est le Graal.

Cette tragédie nous a aussitôt renvoyés à notre quotidien. À Paray-le-Monial, nous avons plusieurs monuments historiques. La magnifique basilique romane du Sacré-Cœur qui attire des milliers de visiteurs chaque année, l'hôtel de ville avec sa façade de style Renaissance, face à la tour Saint-Nicolas qui s'élève au-dessus de la vieille ville. Si un incendie se déclarait, nous devrions protéger ce patrimoine. Mais nous ne disposerions pas des mêmes moyens que nos collègues de Paris. La réactivité ne serait pas la même non plus. Nos casernes sont plus excentrées. Pourtant, nous devons être prêts à affronter un pareil drame. C'est notre job.

Ce matin-là, nous étions tellement captivés par les images de Notre-Dame que nous n'avions pas accordé beaucoup d'attention à un article du *Journal de Saône-et-Loire*, dont un exemplaire se trouvait sur la table du foyer. Le quotidien consacrait un large reportage à la rénovation des thermes de Bourbon-Lancy qui s'apprêtaient à ouvrir pour la saison. Près de 5 000 personnes étaient attendues cette année pour profiter des cures thermales sur les bords de la Loire, au pied du Morvan. En feuilletant le journal, je ne me doutais pas que le devoir m'appellerait, quelques heures plus tard, pour combattre le feu dans ces mêmes thermes.

Sur la route, je prends connaissance des dernières informations dont nous disposons sur le sinistre. Le feu a pris sous les combles. Des travaux étaient en cours. Je suis troublé par le parallèle avec Notre-Dame. Les thermes de Bourbon-Lancy ont aussi une grande valeur historique à notre échelon régional. Leurs eaux bouillonnantes sont réputées depuis l'Antiquité. Jules César a contribué à leur renommée comme plus tard Catherine de Médicis ou Guy de Maupassant.

À mon arrivée sur place, je comprends tout de suite que l'ouverture pour la saison est fortement compromise. Les flammes ravagent la toiture de l'une des ailes. Le dispositif déployé est important, à la hauteur de l'événement. Nous sommes plus de 50 pompiers sur l'intervention, provenant de neuf casernes de la région, y compris du département voisin de l'Allier. Sur le théâtre des opérations, j'occupe d'abord les fonctions d'officier dit d'« alimentation ».

Je suis chargé d'assurer l'approvisionnement en eau des véhicules incendie. Même si je suis en retrait, mon rôle est essentiel. Je dois être certain que mes collègues en première ligne ne sont pas privés d'eau, qu'ils peuvent combattre le feu sans interruption. Une rupture de l'alimentation serait dramatique. Nous perdrions le contrôle du feu et il se propagerait rapidement à toute la toiture. Les thermes seraient entièrement menacés.

Je suis ensuite appelé à exercer la fonction d'officier-renseignement. À ce poste, je suis en contact radio avec les pompiers réquisitionnés sur la zone d'intervention. Ils me transmettent des informations sur l'évolution de l'incendie, sur les avancées des collègues dans le bâtiment et sur les dangers qui les guettent. Je les fais remonter au commandant des opérations de secours, au moyen d'un plan de la situation et des actions en cours.

Dès que le feu a pris, les habitants de Bourbon-Lancy se sont approchés pour suivre notre combat contre les flammes. Tous les incendies attirent des curieux, mais celui des thermes est différent. Les gens expriment leur préoccupation. Sans les cures thermales, c'est une partie de l'économie de la ville qui part en fumée. Les petits commerces, les restaurants et les hôtels souffriront bien après le feu éteint. Ce sont des revenus en moins pour la ville, des emplois menacés aussi. Le bâtiment est sauvé, mais les dégâts sont importants. Aux alentours de 20 heures, pendant que nous rangeons les lances à incendie, des voisins s'approchent de nous pour dire leur inquiétude. « C'est *notre* Notre-Dame », me glisse un habitant de Bourbon-Lancy.

Je finis par retrouver ma famille à la maison. La journée a été longue, épuisante. Je jette un coup d'œil sur les chaînes d'info. Elles parlent toutes de Notre-Dame de Paris, pas un mot sur les thermes de Bourbon-Lancy. J'éteins l'écran. Il est temps de se coucher. Demain, je dois être à nouveau prêt à repartir sur un autre feu ou sur un accident de la route, voire sur un événement totalement imprévisible. C'est le quotidien de ma vie de pompier.

2

9 heures. Comme tous les matins, je retrouve mes collègues au foyer. Damien Diry, un de mes adjudants, feuillette le journal local. C'est un accident de la route qui fait la une du quotidien. Une collision frontale s'est produite la veille dans le département de l'Allier, dans l'Auvergne voisine. Elle n'a pas nécessité notre intervention. Parfois, il nous arrive d'être appelés à la rescousse de l'autre côté de la Loire, lorsque l'accident nécessite des renforts. « Il a eu un sacré coup de bol », commente Damien.

Je jette un coup d'œil sur le tas de ferraille qui s'étale en première page. Le camion rouge des pompiers est au second plan. J'acquiesce. C'est vrai. Il a eu de la chance ; cela saute aux yeux, du moins aux nôtres, habitués à des scènes similaires. Par chance, l'automobiliste s'est retrouvé protégé dans une bulle de survie, la seule partie du véhicule qui n'a pas été défoncée lors du choc avec le poids lourd. Il s'en est sorti avec quelques blessures, miraculeusement. L'accident s'est pourtant produit sur une route où la moindre erreur est souvent fatale : la route Centre-Europe-Atlantique qui relie, comme son nom l'indique, les sommets alpins à l'océan, à travers la France – plus connue sous son acronyme RCEA. Elle donne beaucoup de sueurs froides aux pompiers des casernes qui se trouvent sur son parcours, en particulier à ceux du centre de secours de Paray-le-Monial, dont je suis le chef depuis l'été 2016.

L'adjudant-chef Christian Martin nous rejoint au foyer pour faire le point. Il est l'un des vétérans de la caserne. Il y est entré en 1983. J'aime le chambrer en lui rappelant que c'est mon année de naissance. Il ne se vexe pas pour autant ; je dirais même qu'il est fier d'avoir porté, pendant près de quarante ans, l'uniforme de sapeur-pompier à Paray-le-Monial. Il est réellement la mémoire de cette caserne et nous adorons écouter ses innombrables anecdotes. Pour Jennifer Coiffard, qui est caporal-chef et pompier volontaire depuis 2012, il est plus que ça : il est « la mémoire de Paray-le-Monial », tant il est attaché à l'histoire de cette localité et de ses administrés, auxquels il a souvent porté secours. Dans cette ville de près de 10 000 habitants, où j'ai vu le jour, située aux confins de la Bourgogne et de l'Auvergne, tout le monde le connaît sous le surnom de « Tintin ». À l'aube de ses 60 ans, il a toujours le même entrain, prêt à sauter dans le camion dès que le bip se met à vibrer. Vous me direz, c'est normal, puisque c'est l'un des rares pompiers à se rendre à la caserne tous les jours à vélo. Et ce n'est pas la côte à gravir tous les soirs en sortant du boulot qui lui fait peur. « Celui-là, il peut aller brûler quelques cierges à la basilique du Sacré-Cœur », s'exclame-t-il, commentant à son tour la photo du journal.

Il a un peu d'avance sur moi. Il a pris sa garde à 7 heures. Avec les autres pompiers du centre, il a fait le tour des camions et des ambulances dès son arrivée. Notre première mission de la journée consiste à nous assurer que le matériel est prêt à partir. Une opération incontournable. Nous vérifions le bon fonctionnement de nombreux outils qui arment nos véhicules, que les pleins d'essence ont bien été faits au retour d'intervention, que les citernes des engins incendie sont bien remplies en eau, que les bouteilles d'oxygène des ambulances sont à un niveau correct, que les cisailles sont bien à leur place et en bon état de marche. Chaque outil doit pouvoir servir immédiatement. Un véhicule de pompiers qui tombe en panne de moteur en se rendant sur une intervention, c'est possible. En revanche, imaginez un camion de pompiers qui tombe en panne sèche avant de rejoindre le lieu du sinistre ou qui débarque sans eau pour éteindre un incendie, ou encore une ambulance sans oxygène pour aider les blessés, voire sans cisailles pour désincarcérer les victimes d'une collision… Ce n'est alors plus une panne, mais une faute professionnelle. À la caserne, entre deux interventions, nous contrôlons les moindres détails afin d'être prêts à partir sur une urgence : nos rangers, nos casques ou encore nos uniformes jaune fluo – qui nous permettent d'être vus de loin lorsque nous sommes sur un accident de la route.

Le tour des véhicules effectué, les pompiers se retrouvent au foyer pour ce que nous avons appelé à Paray le « café péri-opérationnel ». L'occasion de faire le point, de commenter les informations locales ou nationales : une explosion de gaz à Paris, un incendie de forêt dans le Var ou un attentat comme celui du Bataclan. Chaque fois, nous nous mettons dans la peau des pompiers qui sont intervenus. Nous nous demandons comment nous aurions agi si un événement semblable s'était produit à Paray-le-Monial ou dans notre département.

Le café du matin permet de prendre le pouls de la caserne, de sentir la fatigue au lendemain d'une opération, la lassitude aussi lorsque nous sommes trop souvent appelés pour ce qui n'est pas de notre ressort.

La journée est calme pour l'instant. Les bips de l'équipe de garde ne se sont pas encore mis à trembler. Nous prenons le temps pour savourer notre café. Christian en profite pour partager avec nous ses fameuses histoires. Ce matin, nous avons droit à une scène digne d'un film avec Bourvil. Il nous raconte une intervention du temps où la caserne ne disposait pas des moyens informatiques d'aujourd'hui pour vérifier que tous les pompiers mobilisés étaient bien montés dans le camion. Ce jour-là, lorsque la sirène avait retenti en ville, Christian avait sauté immédiatement sur son vélo sans prendre le temps de revêtir son uniforme pour gagner quelques minutes précieuses. Il s'était dit qu'il le ferait dans le camion en route. À son arrivée, il avait jeté dans la cabine son uniforme et son casque. Et là, avant même qu'il n'ait eu le temps d'ouvrir la portière, le camion avait démarré. De nos jours, ce genre d'aventure ne serait plus possible. Notre système informatique n'alerte que les bips des sapeurs-pompiers strictement nécessaires au remplissage du véhicule. Fini le temps de l'alerte de 40 sapeurs-pompiers pour en faire partir trois.

Il est près de 9 h 30. Les bips se mettent à sonner. Première intervention de la journée. Rien de grave, *a priori*. Une dame âgée qui est tombée chez elle. Sa fille l'a découverte sur le sol à son arrivée ce matin, à son domicile. Nos journées commencent souvent avec ce genre de secours. Ce sont des personnes qui vivent seules, qui ont le malheur de chuter la nuit ou au réveil et qui ne peuvent se relever. Mes pompiers emmènent cette dame à l'hôpital de Paray-le-Monial afin que les médecins s'assurent qu'il n'y a rien de grave. Sur le parcours, ils ont échangé avec elle. Ce n'est peut-être pas grand-chose, mais ce moment passé dans l'ambulance à la rassurer, en lui tenant la main, n'a vraiment pas de prix.

Dans l'après-midi, les bips sonnent à nouveau. Cette fois-ci, c'est un malaise cardiaque. « C'est son troisième déjà », s'exclame Christian en sortant du bureau.

Il connaît bien la victime, un peu plus âgée que lui. Il est au courant de ses ennuis de santé. Cette fois-ci, son cœur a lâché pendant qu'il se trouvait à la déchetterie. En actionnant la sirène deux tons pour se rendre sur place, mes pompiers savent déjà sur qui ils vont tomber et à quoi s'attendre. Un massage cardiaque, le recours au défibrillateur si besoin et retour à l'hôpital. J'espère qu'il s'en sortira.

Hormis ces deux interventions, la journée restera calme. La RCEA ne donne pas de signe de mort. Il n'y a pas d'incendie. Je consacre mon temps à parler avec mes équipes, à faire le point sur les formations, à avancer un peu dans la paperasse. À aucun moment, je ne me doute que cette journée ne sera finalement pas du tout comme les autres.

3

À mon retour à la maison, le comportement de Fanny, ma compagne, est inattendu. « Tu ne veux pas aller à la pêche ? » me demande-t-elle.

D'habitude, elle râle lorsque je m'absente pendant des heures à traquer le brochet, les sandres ou encore les perches sur la Loire. Elle me reproche de ne pas lui accorder ce temps précieux. Aujourd'hui, c'est elle qui m'incite à aller faire un tour en barque. Le fleuve remonte du sud vers le nord à quelques kilomètres de Paray-le-Monial, en sens contraire du cours de la Saône, qui traverse Chalon et Mâcon en direction du Rhône et du soleil. Comme si ces deux cours d'eau se livraient à un chassé-croisé entre juilletistes et aoûtiens.

La pêche est ma passion. J'ai appris à lancer les hameçons aux côtés de mon père qui m'emmenait titiller les poissons dans les cours d'eau des environs de Paray. Ce n'est que plus tard que je me suis consacré à la pêche aux carnassiers sur le fleuve. Je ne rentre pas toujours victorieux à la maison. On me voit rarement débarquer dans l'entrée en soutenant, avec mes deux doigts enfoncés dans sa gueule béante, un brochet éventré de plusieurs kilos, et en hurlant : « Fanny, il faut faire de la place dans le congel' ! Nous avons de quoi manger des quenelles pour un bon moment ! » En effet, je préfère le plus souvent relâcher les poissons dès qu'ils mordent à l'hameçon, peut-être par déformation professionnelle. Mon rôle, c'est de préserver la vie, pas de l'enlever. Mes amis se moquent de moi, d'ailleurs. « Dans ces circonstances, il vaut mieux que tu ailles à la pêche qu'à la chasse », me narguent-ils.

Je serais bien incapable de tirer sur une proie. Je ne peux donner la mort, c'est contraire non seulement à ma profession, mais aussi à mes convictions les plus profondes. La pêche a d'autres vertus pour moi. Lorsque je suis sur la Loire, en barque ou sur un *float tube*, un pneumatique que je dirige silencieusement et en douceur, en agitant les palmes à mes pieds, je m'émerveille de la beauté des paysages, de la nature sauvage du fleuve. Certains jours – croyez-moi –, lorsque je quitte la caserne après une journée éprouvante, j'ai un grand besoin de passer par ce caisson de décompression afin de faire le vide, de ne rien ramener à la maison de mon quotidien de pompier : ni les interventions de la journée ni les problèmes de gestion du centre.

Dans leur carrière, les pompiers se retrouvent souvent dans un rôle d'intermédiaires. Ils constituent une sorte de rempart entre la vie de tous les jours et une autre plus affreuse. Nous entrons chez des gens qui ont composé le 18. Nous avons accès à leur intimité. Notre rôle est d'accourir sur des lieux que d'autres fuient, parfois de sauver des vies dans l'enfer d'un incendie ou d'un accident, souvent de venir en aide, de porter assistance, d'être confrontés à cette mort que notre société cherche à cacher. Même les cimetières sont aujourd'hui éloignés des villes.

La Loire, c'est ma déconnexion. Je sors ma canne à pêche, je lance trois ou quatre fois et je quitte définitivement mon uniforme de pompier. J'oublie l'accident de la route tragique, le suicide d'un adolescent découvert pendu dans la grange par ses parents ou le feu de cheminée qui a surpris une famille dans son sommeil. Sur le fleuve, la pêche exige toute ma concentration. Je suis constamment en mouvement, à la recherche d'un indice qui trahirait la présence d'un carnassier, prêt à lancer le leurre avec précision à l'endroit où le brochet va mordre. Seul, dans ce coin de paradis qu'est le fleuve, c'est le retour pour moi aux fondamentaux, à la nature. Aujourd'hui, je découvre un nid de cigognes. C'est un spectacle de vie. Je reviendrai à cet endroit, jusqu'à ce que les cigogneaux cassent leur coquille.

Après mon moment de détente, je retourne auprès de Fanny. Nous dînons ensemble, comme d'habitude. Nous parlons de nos journées respectives. Fanny a également fait de l'aide aux autres sa profession. Elle est infirmière à l'hôpital de Paray et pompier volontaire à la caserne. Je lui raconte la découverte du nid de cigognes. Elle sourit. Un dîner et une soirée à deux, assez banale mais dont nous profitons. Rien n'aurait pu me laisser croire qu'une heureuse nouvelle m'attendait...

Ce n'est que lorsque je vais me coucher que je découvre le test de grossesse sur ma table de chevet. Sur la boîte, elle a noté les prénoms auxquels nous avions pensé ensemble, un pour un garçon, un pour une fille, au choix. Si la grossesse se passe bien, je serai papa en début d'année prochaine.

Je suis fou de joie, au point que je ne parviens pas à trouver le sommeil. Je prends soudain conscience du changement qui m'attend dans quelques mois. Après avoir consacré ma carrière à protéger des vies, je vais maintenant la donner. J'appréhende : aurai-je les épaules assez solides pour porter cette responsabilité, pour accompagner les premiers pas de cet enfant ? À défaut de m'endormir, je me plonge dans mes souvenirs. Je revis mon itinéraire de pompier, comme si j'y recherchais du réconfort, comme si j'avais besoin de secours.

4

C'est un 31 décembre que j'ai su avec certitude que je deviendrais pompier. Je m'en souviens comme si c'était hier. Nous préparions le réveillon en famille. Ma mère, Martine, ne travaillait pas cette nuit-là à l'hôpital. Elle avait déjà été de garde à Noël. Avec Camille, ma sœur, nous dressions la grande table dans la salle à manger de notre maison familiale de Paray-le-Monial. Nous attendions mon grand-père paternel, Georges, qui devait se joindre à nous pour fêter la nouvelle année, comme c'était la coutume à la maison. À cet instant-là, aucun de nous ne s'imaginait que nous ne mangerions pas un seul morceau du festin du Nouvel An. Ce 31 décembre, il n'y eut ni cotillons ni feu d'artifice. Ce fut plutôt sirènes et gyrophares.

Mais, pour le moment, nous sommes à nouveau en famille. Au menu, la question de ma vocation. Comment la flamme s'est-elle déclarée en moi ? Voilà ce qui intéresse mes parents, mes sœurs et mon beau-frère.

Dans cet exercice d'introspection, la famille ne m'a pas épargné les longues heures passées à jouer à quatre pattes avec des camions de pompiers dans ma chambre ou dans le salon en hurlant « pin-pon pin-pon » et en les faisant passer entre les jambes des adultes comme s'il s'agissait d'un tunnel. Tous les enfants rêvent de super-héros, capables d'extraire un rescapé d'une maison en flammes, de sauver des vies lors d'un accident. Pour autant, cela ne fait pas d'eux de futurs pompiers.

Mon père continue le débat en débouchant une bouteille de viré-clessé, mon vin blanc préféré de Bourgogne, que j'avais apporté pour l'occasion. Pendant qu'il tourne le tire-bouchon, il raconte sa rencontre dans l'après-midi avec Jean-Marc Nesme, le maire de la ville. Il nous résume avec fierté leur conversation à propos de mon parcours : celui d'un « gamin de Paray », pour reprendre ses termes, revenu dans sa ville natale pour prendre le commandement de la caserne où il avait accompli ses premiers secours.

Le « pop » de la bouteille débouchée ne s'avère pas pour autant salvateur pour moi. La conversation est lancée, impossible d'y mettre fin. Je me prête au jeu. Lorsque je lâche avec aplomb la date du 31 décembre comme le moment qui a tout déclenché, c'est la stupéfaction générale. Personne n'y avait pensé. Ce réveillon est pourtant bien le début de l'histoire, de cette histoire : celle d'un pompier comme les autres qui a gravi petit à petit les échelons pour se retrouver une nuit d'hiver sur la RCEA à mettre en pratique, lors d'une intervention exceptionnelle, toutes les connaissances acquises depuis que sa vocation s'était déclarée. Mais ne brûlons pas les étapes, ce n'est pas le genre de la profession.

À table, chacun livre tour à tour des indices susceptibles d'expliquer comment ce qui était un mauvais souvenir pour nous tous avait bien pu se transformer en source d'inspiration pour l'enfant que j'étais.

Alors nous reconstituons ce réveillon, élément par élément, avec la légèreté qu'accordent les années écoulées depuis l'accident. Pas de consensus sur le menu ni sur la date exacte. 1995 ou 1996 ? Nous nous perdons en conjectures pendant un bon quart d'heure, avant qu'un détail nous revienne à l'esprit. Clarisse, ma sœur cadette, n'a aucun souvenir de cette soirée-là. Et pour cause, elle n'avait que quelques mois. C'était donc l'année de sa naissance : 1995. J'avais 12 ans.

La version des faits prête également à discussion. Les témoignages sont contradictoires. Dans mes souvenirs, nous avions entendu un choc assourdissant qui nous avait tous paralysés. Pour mes parents, une jeune fille avait sonné à la porte pour demander de l'aide. Elle venait d'être victime d'un accident juste devant notre maison. Son amie était blessée.

Les deux versions se rejoignent sur un point : mes parents avaient porté immédiatement secours aux accidentés et j'étais resté avec mes sœurs à la maison. Debout, derrière la fenêtre, j'avais distingué dans la nuit deux voitures identiques, des Peugeot 205, qui s'étaient violemment encastrées au carrefour.

Ma mère, Martine, aujourd'hui en préretraite, a consacré sa vie aux autres comme aide-soignante. De même pour ma sœur Camille, qui est psychologue à Paray-le-Monial, ou pour moi qui suis pompier. Ma compagne Fanny est infirmière. Dans ma famille, il n'y a donc guère que mon père, Jean-Michel, qui se distingue en tant que chef d'entreprise, avec peut-être Clarisse, qui cherche encore sa voie.

Néanmoins, ce 31 décembre 1995, bien que peu à l'aise avec les situations d'urgence, mon père n'a écouté que son cœur. Il s'est précipité avec ma mère vers les voitures accidentées. Ils se sont réparti les rôles en fonction de leurs compétences. Ma mère a prodigué les premiers soins aux jeunes filles. Mon père s'est attelé à débrancher les batteries pour éviter que les voitures ne prennent feu. Depuis la fenêtre du salon, j'observais la scène de l'accident. Curieuse expression qui nous renvoie à une pièce de théâtre avec des personnages interprétant des rôles bien précis – joués ici par mes parents et leurs voisins.

Et moi, je me suis retrouvé dans le rôle du spectateur qui en savait plus sur l'intrigue que les personnages qui couraient dans tous les sens sur scène. Dans un vaudeville, le public connaît le placard où est caché l'amant ou la maîtresse. Dans une pièce à intrigue, il sait que le cadavre est planqué sous le lit, dans une malle ou dans la baignoire. Ce soir-là, le jeune garçon que j'étais criait et hurlait comme s'il avait voulu prévenir Guignol de l'arrivée du gendarme. Ce n'était pourtant pas un spectacle pour enfants qui se jouait devant mes yeux, mais bien un drame. Je trépignais d'impatience. Je sautais sur place. Je tapais du poing sur les carreaux aussi fort que possible pour prévenir mes parents. En vain. Je ne suis pas parvenu à attirer leur attention.

J'étais le seul à avoir compris qu'une tragédie familiale se jouait dans le fond de la scène, devant mes yeux. Je m'étais aperçu que l'autre 205, la bleu clair, était celle de Georges, mon grand-père. Je voyais distinctement sa tête appuyée sur le volant, derrière le pare-brise. Il était grièvement blessé, j'en étais conscient, mais j'étais totalement inaudible, invisible et incapable de faire quoi que ce soit pour lui porter secours, réduit au simple rang de spectateur

– condition aussi frustrante qu'insupportable lorsqu'un être qui vous est cher a besoin d'aide.

Ce n'est qu'après avoir débranché la batterie de la 205 que mon père a reconnu Georges derrière le pare-brise brisé. Il s'est aussitôt précipité à son secours. Ma mère a accouru. Les deux filles de l'autre 205 étaient, quant à elles, hors de danger.

Depuis la fenêtre de la maison, j'ai observé comment ma mère posait un mouchoir sur la bouche de mon grand-père qui saignait. J'ai poussé un premier soupir de soulagement. J'étais anxieux, je ne tenais pas en place.

J'étais très proche de mon grand-père. Il était plutôt taiseux, mais j'occupais ses silences en parlant sans cesse, en lui confiant mes peines et mes joies. Il accordait beaucoup d'attention et de temps à ses petits-enfants. Pour moi, il était une référence. Il s'est toujours enquis de mes résultats à l'école et, plus tard, de ceux de mes concours de pompier. Le soir de l'accident, je ne pouvais me résoudre à le perdre sous mes yeux.

Comme simple spectateur, tous mes espoirs reposaient entre les mains des pompiers, qui venaient de faire leur entrée sur la scène, dans le vacarme des sirènes et des gyrophares bleus qui rayonnaient dans la nuit profonde. J'étais fasciné par ce spectacle de sons et lumières. J'espérais qu'ils seraient capables de sauver mon grand-père.

Et ils l'ont sauvé. Pour un enfant de mon âge, leur intervention avait été prodigieuse. Je craignais le pire, que le mauvais film tourne au cauchemar. De l'autre côté de la fenêtre, ce n'était pourtant pas du cinéma, pas un miracle non plus. Les pompiers n'étaient pas déguisés en Superman.

Grâce à eux et aux voisins, j'ai pu profiter de la compagnie de Georges pendant de longues années encore et partager avec lui des moments de complicité.

Nous parlions du passé, de mon métier. Jamais de son accident du réveillon. Je ne lui ai jamais avoué que j'étais devenu pompier grâce à lui, qu'il avait tout déclenché malgré lui.

C'est donc un 31 décembre, lorsque tant d'autres font part de leurs nouvelles résolutions, que j'ai pris une décision ferme et irrévocable pour le reste de ma vie. J'avais entendu très distinctement l'appel des sirènes qui avaient retenti dans ma rue quelques heures plus tôt. À partir de ce moment-là, je ne souhaitais plus être simple spectateur. Je voulais devenir acteur.

5

Le samedi matin, l'ambiance est bon enfant à la caserne. À 8 heures, nous accueillons les jeunes sapeurs-pompiers. Des enfants et des ados, de 11 à 18 ans, que nous préparons pour le grand saut dans la profession. Nous les surnommons les JSP. Jennifer s'occupe de l'encadrement. Après avoir fait l'appel, elle prend à part un retardataire pour lui rappeler aimablement l'importance d'être à l'heure.

« Tu sais pourquoi on te demande d'arriver à 8 heures ?

– Parce que c'est l'heure du début des cours ?

– Ce n'est pas seulement une question de ponctualité. Si tu deviens pompier un jour, tu devras prendre ta garde à 7 heures. Il se peut que tu doives partir en intervention dès ton arrivée à 7 h 01. »

Le ton de Jennifer est doux. Ce n'est pas une remontrance, mais un rappel des fondamentaux de notre profession. Jusqu'à midi, nous leur donnons des cours, nous leur transmettons des savoirs, nous nous efforçons de leur inculquer l'envie de bien faire. Nous espérons surtout leur donner le sens du devoir accompli. C'est important, pour ne pas dire essentiel, qu'ils rentrent à la maison avec la satisfaction d'avoir assumé leurs responsabilités.

Un samedi, c'est moi qui ai joué le rôle de Jennifer. Un peu plus tôt dans la semaine, j'étais entré dans les vestiaires à l'improviste. C'était le gros bazar. Une véritable chambre d'ados. Ce samedi, je leur ai alors remonté les bretelles, mais il n'était pas question de les dégoûter de ces rendez-vous hebdomadaires. Je leur ai expliqué que le temps était précieux dans notre métier, que nous ne pouvions pas nous permettre d'en perdre pour retrouver une chaussette ou une ranger. Nous devons toujours être prêts à partir. Notre efficacité en dépend sans compter le respect que nous devons à notre uniforme. Le message est passé, du moins je le crois.

Les JSP, c'est la porte d'entrée dans la profession. Du temps du général de Gaulle, on les appelait les « pupilles ». Les jeunes apprennent les gestes qui sauvent, les premiers soins. Nous faisons des manœuvres avec eux. Ils déroulent les tuyaux pour amener l'eau sur un incendie, ils alimentent le camion en eau. Nous pratiquons du sport ensemble, de la course à pied, des pompes aussi. J'aime bien me joindre à eux pour ces exercices. Pour un pompier, il est indispensable d'être préparé physiquement. Les interventions sont quelquefois éprouvantes, qu'il s'agisse d'un incendie ou d'une désincarcération. Rien que pour porter le poids de l'une de nos cisailles – qui servent à découper l'acier de la carrosserie –, il faut une bonne condition physique.

De nos jours, la formation des JSP est prévue de telle manière que chacun d'entre eux soit prêt à s'engager à la caserne comme pompier volontaire à 18 ans. Dès qu'ils obtiennent leur brevet, ils peuvent monter directement dans le camion et partir en intervention. Nous comptons actuellement 13 jeunes sapeurs-pompiers à la caserne, pour une ville de 10 000 habitants. C'est beaucoup ! D'autant que la caserne de Paray-le-Monial présente une autre particularité : il y a une majorité de filles parmi les JSP, alors qu'à peine un pompier sur cinq est une femme à l'échelon national. Fin 2019, elles sont sept ! Deux d'entre elles sont sur le point de rejoindre les rangs des pompiers volontaires. La preuve que la profession continue de susciter des vocations, chez les garçons et chez les filles.

Mais c'est aussi la démonstration que les jeunes d'aujourd'hui ne sont pas aussi passifs qu'on veut bien le croire. Je ne supporte pas qu'on dise du mal de cette génération, qu'on leur reproche de passer le plus clair de leur temps sur un écran, qu'on les présente comme des blasés incapables de savoir ce qu'ils feront de leur vie. Rien de plus faux ! J'invite ceux qui les prennent pour des fainéants à nous rendre visite le samedi matin à la caserne. Ils observeront à quel point ces adolescents croient en ce qu'ils font. Ils ne deviendront peut-être pas tous sapeurs-pompiers, mais si 10 sur 13 font le saut, la relève sera assurée. Il y aura toujours quelqu'un à Paray, et dans chaque coin de la France, pour répondre à un appel de détresse.

Je n'ai jamais été JSP. Ce n'est pourtant pas faute d'avoir essayé. Après l'accident de mon grand-père, ma première tentative pour rejoindre les rangs des pompiers s'est soldée par un échec cuisant. Un samedi, mon père m'avait emmené à moto à la caserne de Charolles pour ce qui devait être le grand jour. J'avais mis mon casque. J'avais pris place à l'arrière avec le sentiment de partir pour de nouvelles et merveilleuses aventures.

Avec Julien, un ami de Paray qui partageait les mêmes rêves que moi, nous avions choisi de présenter nos candidatures pour entrer dans les JSP. À cet âge-là, les copains rejoignaient essentiellement les scouts ou les rangs de l'USC Paray, notre équipe de foot. Nous, nous choisissions les jeunes sapeurs-pompiers. J'avais 12 ans.

Sur la moto, accroché à mon père, j'avais les yeux qui brillaient. Pendant que nous parcourions la quinzaine de kilomètres qui séparaient les deux villes, je m'imaginais à bord d'un camion rouge, assis au milieu des pompiers, en uniforme, casque enfoncé sur la tête. Je me voyais déjà en haut de l'échelle, comme aurait pu chanter Charles Aznavour. Je rêvais de devenir l'un des leurs depuis l'accident de mon grand-père, mais aussi depuis le jour où ils avaient débarqué à la maison par ma faute...

À vrai dire, mon père avait aussi sa part de responsabilité. Il avait apporté de son entreprise un tas de baguettes pour les fenêtres, accessoirement très utiles pour faire démarrer un feu. Il m'avait demandé de toutes les utiliser. Ni une ni deux, je passai à l'action. Je mis tout le tas dans la cheminée. Les flammes gigantesques embrasèrent rapidement le conduit. Nous composâmes le 18 et les pompiers arrivèrent. Je les observai pendant qu'ils sortaient la grande échelle, qu'ils la gravissaient munis de leur lance, et ils éteignirent en quelques minutes l'incendie. La maison était sauvée, mon erreur pardonnée. De quoi me faire fantasmer sur ce métier...

Hélas, nous sommes arrivés en retard à la caserne. Pour mon plus grand malheur, le centre de Charolles affichait complet cette année-là. Je n'ai pas été reçu. Les responsables ont expliqué à mon père qu'ils avaient dû procéder à des éliminations. Ils avaient retenu essentiellement le critère de l'âge pour prendre leur décision. J'étais l'un des candidats les plus âgés, l'un des derniers aussi à m'être présenté. J'avais été rayé de la liste. « Il faudra revenir l'année prochaine », m'a-t-on dit pour me consoler.

Je ne crois pas que mon père ait compris à quel point j'ai vécu cet échec comme une déchirure, une terrible désillusion. C'était un rêve d'enfant qui s'envolait en fumée. Sur le chemin du retour, il a peut-être senti que je m'accrochais à lui avec plus de force qu'à l'aller. Mes yeux étaient remplis de larmes. J'avais trouvé porte close à la caserne, mais je ne renonçais pas pour autant à ma carrière de pompier.

Mon ami Julien avait eu plus de chance que moi. Il avait été retenu. Nous avons rapidement signé un pacte. Après chacun de ses cours à Charolles, nous nous retrouvions à Paray. Il me les donnait, je les photocopiais et je les étudiais pendant la semaine, en catimini, sans que personne le sache à la maison. J'apprenais les grades par cœur, la notion du triangle du feu, les premiers soins à porter à une personne blessée.

À l'école, j'étais un élève plutôt moyen. Je me contentais de me maintenir à flot sans trop forcer. J'apprenais mes cours « en dilettante », pour reprendre les termes de ma mère. Pour mes parents, l'école primait sur tout, et ils voulaient que je sois plus assidu. Un jour, à force de me voir rêvasser, ma mère a explosé : « Si tu ne travailles pas, tu vas devoir te débrouiller tout seul ! »

Elle ignorait que lorsque je me plongeais dans les cours de sapeurs-pompiers, je me métamorphosais. Je devenais un élève consciencieux qu'elle n'aurait probablement pas reconnu. Je ne me laissais distraire pour rien au monde.

Je demandais aussi à Julien ce qu'ils avaient fait comme sport pour m'exercer moi-même pendant la semaine, histoire de rester au même niveau que les JSP, de ne pas décrocher. J'ai suivi une formation de pompier à distance, par correspondance, en quelque sorte. L'effort s'est avéré payant.

De cette expérience, j'en ai retiré une leçon, utile pour le reste de ma vie. L'échec ne doit pas être vécu comme un drame. Dans notre profession, c'est un principe que nous apprenons dès le départ. Nous nous le rappelons régulièrement par la suite à la caserne, lorsque nous révisons ensemble nos connaissances. Lors d'une intervention, par exemple, le camion peut faire ce que nous appelons « un refus d'obstacle », expression que nous avons empruntée au monde hippique, lorsque nous nous retrouvons face à une pente plus forte que prévu ou dans une zone inondée. Dans ce cas-là, le recul n'est pas synonyme d'échec. Ce qui en serait un, en revanche, ce serait de s'obstiner à passer en force et que le camion soit coincé au milieu des eaux, avec le moteur abîmé, ou qu'il se renverse et soit rendu inutilisable, blessant des sapeurs-pompiers. Face à l'obstacle, le chauffeur doit évaluer la situation et trouver la solution pour le franchir.

Lorsque je serai père, j'apprendrai très vite à mon enfant à se relever. Je n'assumerai pas uniquement un rôle de papa poule. Je ferai de mon mieux, bien sûr, pour le couver et le protéger des dangers. Mais il devra apprendre par lui-même à se responsabiliser dès son plus jeune âge. Il est nécessaire de sensibiliser les plus jeunes, de leur donner le goût de l'effort et de leur enseigner aussi le bienfait des échecs.

6

Bien des années plus tard, Christian Martin n'a pas oublié cette journée de printemps pluvieuse où il m'a vu débarquer en scooter à la caserne à l'occasion des portes ouvertes. Je souhaitais me renseigner sur le métier de pompier. Tintin en rigole encore : « Tu es arrivé avec ta petite amie de l'époque sur le porte-bagages. Tu te souviens ? »

C'était au printemps 2001. J'étais sur le point de fêter mes 18 ans et Christian était déjà fidèle au poste. À l'approche de ma majorité, il s'est passé quelque chose de curieux. Le moment était venu pour moi de franchir le pas, de m'enrôler dans les rangs des sapeurs-pompiers. Je m'étais préparé depuis des années pour ce grand jour. Et soudain, le trac. J'ai commencé à me poser des questions, à douter de ma conviction, à remettre en cause ma vocation.

À table, j'ai abordé timidement la question avec mes parents. Je souhaitais me renseigner pour suivre une formation de secourisme. Je faisais dans la demi-mesure.

Un premier pas pour apprendre à secourir un noyé ou quelqu'un qui aurait perdu connaissance, histoire de prendre le pouls du métier, de m'assurer que j'étais bien fait pour le service à la personne. Pour mon père, le compte n'y était pas : « Tu ne voulais pas être pompier ? »

Il se souvenait de ma déception le jour où il m'avait emmené à Charolles. En se rendant au travail, il avait remarqué une pancarte devant la caserne de Paray qui annonçait les portes ouvertes. Il m'avait invité à m'y rendre. Dans la famille, il n'y avait pourtant aucune tradition de pompier, à la différence de Christian qui, enfant, contemplait avec fierté son oncle partir sur son Solex à la caserne lorsque la sirène se mettait à faire trembler Paray, et dont le fils, Michael, est aujourd'hui marin-pompier à Marseille.

Les mots de mon père m'ont remis d'aplomb. J'ai pris mon scooter, affronté les éléments adverses pour arriver à la caserne sous l'œil amusé de Christian Martin. Lorsque je me suis retrouvé en face du chef de caserne, Mickaël Lecoq, je l'ai interrogé sur les premiers soins. « Le secourisme, c'est bien. Pompier volontaire, c'est beaucoup mieux ! » a-t-il rétorqué.

En quelques mots, il m'a convaincu. À ce moment-là, je ne me doutais pas qu'un jour je serais à sa place, à attiser à mon tour la flamme qui brûle chez les plus jeunes afin qu'ils s'engagent à nos côtés.

Quelques mois plus tard, au cours de l'été 2001, lorsque j'ai atteint l'âge légal pour entrer chez les pompiers, j'ai déposé mon dossier de candidature à la caserne, tout seul, comme un grand. Je n'en ai pas touché un mot à mes parents. Je suis entré pour ainsi dire clandestinement chez les soldats du feu.

Cette fois-ci, je n'ai pas eu la même désillusion qu'à Charolles. J'ai été pris. Il ne me restait plus qu'à l'annoncer à mes parents. Comme je m'y attendais, ils ne partageaient pas mon enthousiasme. Même si mon engagement était prévisible, il n'en était pas moins prématuré à leurs yeux. J'étais en terminale et toujours à la traîne au lycée. Pour eux, comme pour tous les parents, le mot d'ordre, c'était : « Passe ton bac d'abord ! » Un minimum, qui ne se discutait pas. « Si tu rates une seule heure de cours, je ramène ton paquetage à la caserne et c'est fini ! » m'avait prévenu ma mère.

Avec le recul, je suis convaincu qu'elle l'aurait fait, qu'elle aurait pris mon sac avec le matériel que chaque pompier garde chez lui, casque compris, pour être prêt à partir en intervention. Elle l'aurait jeté avec rage au pied de la porte de la caserne.

Mes parents savaient tous deux qu'il leur était impossible de m'empêcher de résister à l'appel des sirènes. Le bac leur donnait l'occasion de me maintenir ligoté pendant une année encore au mât du navire familial, comme Ulysse dans l'*Odyssée*. C'était la condition *sine qua non*. Je n'avais qu'à bien me tenir.

7

Il est 17 heures. Fanny et moi, nous passons chercher Jennifer à son domicile. Nous sommes en retard et, cette fois-ci, ce n'est pas une urgence qui nous attend, mais un moment agréable que nous voulons partager avec le plus grand nombre possible de pompiers de la caserne.

Jennifer vient tout juste de quitter le foyer de vie où elle travaille comme monitrice auprès de personnes handicapées. Elle a son boulot et consacre une partie non négligeable de son temps libre, en tant que pompier volontaire, à secourir, éteindre, désincarcérer, avec nous.

Aujourd'hui, c'est jour de fête. Nous sommes attendus au conseil départemental. Nous nous sommes mis sur notre trente-et-un pour l'occasion. Cette soirée rend hommage aux pompiers volontaires et à leurs employeurs. Le président du département, André Accary, et notre directeur départemental, Pierre Pieri, sont présents. La caserne de Paray a aussi droit aux honneurs. Nous avons apporté une contribution importante à un web-documentaire[1] réalisé par une photographe mâconnaise qui a passé beaucoup de temps en immersion avec les pompiers de Saône-et-Loire, et en particulier avec nous. Son travail est projeté à cette occasion. L'équipe de Paray se reconnaît à l'écran, chuchote, rigole, s'émeut parfois, à l'image de Jennifer qui confie sa « fierté de faire partie des pompiers de Paray » en voyant les photos défiler devant elle. Elle trouve le mot juste pour décrire l'esprit qui anime notre caserne : « Ce n'est pas de la convivialité, mais de la fraternité. »

Nous sommes tellement touchés par ce film que nous choisissons de poser ensemble pour immortaliser cet instant. Des bornes à selfies sont à disposition. Nous fixons tous ensemble la caméra, pompiers pros et volontaires. Certains tirent la langue, d'autres font des grimaces, quelques-uns penchent leur tête pour être dans le champ. Cette photo est unique.

Après la projection du documentaire, la soirée prend une dimension plus officielle. L'objectif est de convaincre les chefs d'entreprise de libérer les pompiers volontaires qu'ils emploient lorsque nous avons besoin d'eux sur une intervention. Leur présence est indispensable.

En France, près de quatre pompiers sur cinq sont volontaires. Rien qu'à Paray, ils sont 46 sur 57 à la caserne. Parmi eux, nous avons un médecin, une vétérinaire et trois infirmiers, dont Fanny, ma compagne. Ils méritent tous qu'on leur rende hommage. Sans leur disponibilité, leur abnégation, leur investissement, pour faire court, sans eux, notre système de secours en France ne pourrait évidemment pas fonctionner. Nous ne disposerions

1. Émilie Fontaine, *Quatre 112 heures*, janvier 2019.

pas d'assez de professionnels pour assurer notre mission vingt-quatre heures sur vingt-quatre, sur tout le territoire national.

Être pompier volontaire, ce n'est pas comme jouer au foot pour l'USC Paray ou ailleurs. Si un membre de l'équipe choisit de rester à la maison parce qu'il fait mauvais temps ou de passer le dimanche après-midi au bar avec ses potes plutôt que de rejoindre ses coéquipiers, l'équipe en souffrira peut-être, mais rien de plus. Au pire, elle perdra trois points précieux dans la course au titre ou dans la lutte contre la relégation. Ses coéquipiers lui en voudront sans doute, le traiteront de lâche lorsqu'ils le croiseront au bar après la rencontre. Son entraîneur le sanctionnera peut-être en le laissant sur le banc lors de la rencontre suivante ou ne prendra même pas la peine de le convoquer. Les conséquences de son absence n'auront pourtant rien de bien dramatique. Rien à voir avec celle d'un pompier lors d'une intervention. Au bout du compte, chez nous, il y a une personne en détresse. Lorsque quelqu'un compose le 18, il y a toujours une attente à l'autre bout du fil. Parfois, ce qui est en jeu, c'est une vie humaine.

Depuis une vingtaine d'années, la tendance est moins favorable aux pompiers volontaires. Les entreprises doivent de plus en plus répondre à des questions de rendement. Dans ces conditions, il est difficile pour elles de libérer l'un de leurs salariés, de jouer en infériorité numérique pendant quelques heures sur un terrain où la concurrence fait rage. Ces pompiers volontaires, ce sont des femmes et des hommes qui ont la vocation et l'envie. Ils sont déterminés. Il est important que leurs employeurs en soient conscients. Pour les convaincre, nous lançons régulièrement des campagnes de sensibilisation, comme cette soirée à Mâcon, tout d'abord avec la projection du web-documentaire – qui illustre remarquablement notre quotidien –, et ensuite avec l'hommage rendu à des entreprises qui jouent le jeu. Entre autres, trois d'entre elles sont récompensées ce soir. Je les cite non seulement pour les remercier, mais aussi pour montrer à quel point toutes ces entreprises, de la société familiale à la multinationale, peuvent apporter leur pierre à l'édifice.

Nous félicitons d'abord la plus petite d'entre elles, la SARL de la famille Auray, à Dompierre-les-Ormes. Une famille qui a participé à 141 interventions en une seule année. Pour les PME, c'est l'entreprise Bouillard qui est distinguée, une société de 90 personnes qui a libéré un caporal-chef pendant près de cinquante heures sur son temps de travail. Et pour finir, la multinationale Fiat, qui emploie 1 300 personnes sur son site de Bourbon-Lancy, dont 10 sont pompiers volontaires ; ces derniers ont effectué à eux tous six cent quatre-vingts heures d'intervention en une seule année.

De la plus petite à la plus grande, en fonction de ses moyens, chaque entreprise peut contribuer aux services de secours. Mais si les collectivités donnent un exemple remarquable de mise à disposition de pompiers, dans le privé il y a encore un effort à faire.

Lorsqu'une entreprise signe une convention avec nos services, nous lui expliquons qu'elle permet à un pompier volontaire de se former ou de maintenir ses compétences et son engagement. Et puis, si jamais un accident se produit à l'usine ou dans les bureaux, elle disposera sur place d'une personne prête à intervenir, à donner les premiers soins.

8

Pour Gaëlle, le grand jour est arrivé. Elle participe à Mâcon à la très officielle et solennelle journée d'accueil et d'intégration – dans notre jargon, la JAI. Une sorte de cérémonie d'intronisation des nouveaux pompiers volontaires, en présence de notre directeur départemental. Gaëlle a fait le grand saut. À partir de ce jour, elle est des nôtres. Elle partagera avec nous sa joie, et des émotions fortes aussi. Des moments intenses qui nous rapprocheront ou qui, parfois, nous éloigneront, comme dans une vie de famille.

À son retour à la caserne à 17 heures, Gaëlle n'a pas le temps de nous raconter en détail la cérémonie, et encore moins de nous confier ses émotions. Quelques secondes après son arrivée, son bip sonne. Sa première intervention ne se fait pas attendre. Elle monte immédiatement dans le camion, sans transition, pour sa première immersion.

Pour ceux qui auraient des doutes, sur une opération, il n'y a absolument aucune différence entre l'attitude d'un pompier professionnel et celle d'un volontaire. Tous deux s'efforcent de venir en aide, pour sauver, porter assistance, protéger l'environnement autant que possible. La différence est ailleurs. À mes yeux, être pompier professionnel, c'est le choix d'en faire son métier, d'y consacrer entièrement toute sa vie active. Pompier volontaire, c'est autre chose. Ce sont des hommes et des femmes qui, à l'image de Gaëlle, se joignent à nous sur les opérations de sauvetage. Certains d'entre vous donnent leur sang pour venir en aide aux victimes ; les pompiers volontaires, eux, donnent de leur temps, voire les deux, au prix souvent de grands sacrifices personnels. Cet engagement tient en un seul mot : la vocation. Le pompier volontaire a son propre métier. Il se rend au travail chaque jour comme employé, cadre ou même comme chef d'entreprise. Mais lorsque son bip retentit, il quitte son poste ou son domicile, sa famille, ses amis, pour rejoindre la caserne au plus vite. Il revêt son uniforme, ajuste son casque et part dans le camion en direction de l'intervention, que ce soit pendant ses heures de travail, lorsque c'est possible, ou pendant son temps libre.

Cette fonction exige beaucoup d'investissements personnels. Être d'astreinte, c'est renoncer, par exemple, à des soirées ; c'est boire un jus d'orange vitaminé pendant que les autres s'extasient devant un pouilly-fuissé 2009 ; c'est, dans des cas extrêmes, se résigner à ne pas donner un premier baiser, interrompu par le bip qui vibre à la ceinture du pantalon. Un engagement qui n'est pas toujours facile à comprendre par le supérieur hiérarchique ou par les proches.

Des informations circulent sur une directive européenne qui pourrait remettre en cause le statut de pompier volontaire. Ces rumeurs reviennent régulièrement, provoquent de vifs échanges sur les réseaux sociaux. Je ne crois pas que cela soit possible. La tradition du volontariat est trop ancrée parmi les pompiers en France. Le défi, de mon point de vue, est ailleurs. Il consiste à continuer d'attirer de nouvelles recrues, à susciter des vocations au sein des JSP, à les inciter par la suite à rester parmi nous. Un pompier volontaire peut renoncer à tout moment. Dans la plupart des cas, il invoque des raisons familiales.

Si l'un ou l'une de mes pompiers à Paray-le-Monial se trouve confronté à ce genre de situation, il peut m'en parler. Ma porte est toujours ouverte, au propre comme au figuré. Nous cherchons dès lors ensemble une solution. Je comprendrais qu'un pompier me dise qu'il doit réduire ses astreintes ou même y renoncer pour passer plus de temps en famille.

Je serais beaucoup plus gêné par le départ en groupe de pompiers volontaires, puisque, dans ce cas, ce serait ma gestion de la caserne qui serait remise en cause. Cela signifierait que je ne leur ai pas accordé suffisamment de reconnaissance pour leur temps consacré au centre de secours, pour ces moments en famille ou avec les amis qu'ils ont sacrifiés. En tant que chef, mon rôle est de cultiver l'esprit d'équipe.

C'est vrai que nous laissons une part de nous-mêmes dans notre profession, souvent au détriment d'une partie de notre vie de famille. C'est le versant négatif de notre engagement. Il convient de le reconnaître. Le côté plus positif, c'est l'immense fierté de porter l'uniforme, de participer à cette grande aventure qu'est la sécurité civile française, d'être un citoyen engagé.

Évidemment, il n'y a rien de matériel. Nous n'avons rien à vendre, rien à gagner. Nous ne sommes pas soumis au rendement comme dans une entreprise. Nous n'avons pas d'objectif annuel de vies sauvées à remplir. La mission que nous exerçons n'a pas de prix. L'objectif reste et restera toujours celui de servir l'autre, quel qu'il soit. Peu importe sa nationalité, son sexe, ou même les causes qui l'ont amené à avoir un accident. Notre priorité est l'humain. Comme je le répète à chaque nouvelle recrue, nous sommes ici pour servir, pas pour nous servir.

9

Jennifer retrouve ses amis dans un café du centre de Paray. C'est samedi, à l'heure de l'apéro, un moment incontournable en France et tout particulièrement en Bourgogne. Ses amis prennent des kirs ou un verre de mâcon. Jennifer reste, elle, sagement au Coca. À tout instant, elle peut partir en intervention. D'autant que les week-ends où elle est d'astreinte, elle ne peut se rendre ni à un concert à Lyon ni à un match de basket à Chalon. Elle doit rester à proximité de la caserne.

Les pompiers volontaires prennent le relais des professionnels essentiellement le soir et le week-end. Ils sont de garde sur place, à la caserne, le samedi ; d'astreinte le dimanche à leur domicile ou à Paray-le-Monial. Pour exercer leur fonction de pompier, les volontaires ont l'obligation d'habiter à proximité du point de ralliement en cas d'urgence : le centre de secours.

Ce samedi, Jennifer a pris sa garde à 7 heures, puis elle s'est occupée des jeunes sapeurs-pompiers jusqu'à midi. La journée a été calme. À 17 heures, elle a quitté le centre.

Mais Jennifer ne renonce pas pour autant à vivre ou à aller au Viva la vida – un lieu convivial de Paray. Elle organise des dîners chez elle, pratique le jogging pour se maintenir en forme. Mais dès que le bip se met à trembler, elle laisse ses baskets au placard, abandonne ses potes sur-le-champ ou confie son bébé à sa conjointe pour lui donner le biberon qu'elle vient de préparer.

Tandis qu'elle est au Viva la vida ce samedi soir, son bip sonne. Avant de sortir, elle fait un signe de la main pour dire à ses amis qu'elle les retrouvera peut-être plus tard. Elle quitte le bistrot en courant sur le trottoir jusqu'à sa voiture garée à proximité. Elle prend le volant direction la caserne, à quelques minutes à peine. Elle ignore encore que c'est la mort qui l'a contrainte à quitter le Viva la vida. Le bip indique qu'il s'agit d'un secours d'urgence à la personne, un SUAP comme on dit dans le métier. Ce n'est donc pas un accident de la route ou un incendie. Ce n'est qu'en montant dans l'ambulance aux côtés de son collègue qu'elle apprend qu'il s'agit d'un suicide. Un homme s'est tiré une balle dans la tête.

Le contraste entre ce que Jennifer va découvrir à son arrivée et l'ambiance du Viva la vida est saisissant. Comme s'il s'agissait de deux mondes parallèles qui s'ignorent. Comme si elle était l'une des rares personnes à avoir les pouvoirs nécessaires pour passer, en quelques minutes, d'une dimension à une autre, de la vie de tous les jours à la tragédie qui peut tous nous frapper.

À son arrivée sur place, Jennifer prend le pouls de la victime. Il ne bat plus. Impossible de la réanimer. Les blessures sont mortelles. Sa mission n'est pas terminée. Il y a encore beaucoup à faire pour sa famille, notamment pour sa fille d'une quarantaine d'années qui ne comprend pas ce geste. Le secours à la personne, dans des cas comme celui-ci, dépasse largement la seule victime. Jennifer parle avec elle, tente de l'apaiser, sans prendre parti, sans justifier ni condamner le geste de son père. Elle ne connaît pas la victime et encore moins les raisons qui l'ont poussée à mettre aussi brutalement fin à ses jours. Dès lors, elle consacre ses efforts à rendre la mort la moins laide possible.

À leur propre initiative, Jennifer et son collègue entreprennent le nettoyage des plaies de la victime, loin des regards de la famille. Ils couvrent la partie défigurée du visage pour lui épargner une vision qui la traumatiserait plus encore. Sur une intervention, nous devons gérer l'entourage, jouer un rôle d'intermédiaire entre le royaume de la mort et la vie qui continue. Prendre soin des vivants, c'est aussi ça notre métier.

L'opération terminée, Jennifer reprend sa voiture et la gare non loin du Viva la vida. Elle pousse la porte du café, retrouve ses amis au comptoir. Un cadre chaleureux, après avoir côtoyé la mort. Ses amis l'interrogent sur sa mission. « Un suicide », répond-elle, laconiquement.

Sa déclaration est suivie d'un court silence. Elle n'en dira pas plus. Elle veut retrouver sa vie à elle, oublier le boulot comme tout un chacun. Sa journée n'est pas finie pour autant. Le bip peut encore retentir. Il lui est déjà arrivé de se lever à plusieurs reprises dans la même nuit pour partir en intervention. Une disponibilité qui demande des sacrifices et une bonne hygiène de vie. Être pompier volontaire exige de bonnes conditions physiques, ainsi que la meilleure gestion possible du sommeil. Lundi matin, lorsqu'elle éteindra son bip, Jennifer retrouvera son foyer de vie et sa profession d'éducatrice. Elle devra répondre à d'autres exigences.

Même sans son uniforme, elle peut à tout moment reprendre son rôle de pompier pour aider, secourir, protéger. Contrairement à Spiderman, nous n'avons pas besoin de nous cacher pour nous métamorphoser.

Un jour, au foyer, elle a fait face à une urgence. Un handicapé s'étouffait après avoir mangé des radis. Le bip de Jennifer n'a pas vibré, pourtant son sens du devoir s'est aussitôt manifesté. Elle lui a donné les premiers secours, sans lui taper dans le dos comme auraient fait la plupart des gens dans ce genre de situation. « Tousse, crache, penche-toi en avant », lui a-t-elle conseillé. Il a finalement recraché plusieurs morceaux de radis qui l'empêchaient de respirer. Plus tard, il a levé les yeux vers Jennifer : « Merci, tu m'as sauvé la vie. » Ces mots étaient tellement sincères que Jennifer en a été émue. Un moment très fort qu'elle a partagé avec moi dès qu'elle est revenue à la caserne. Si elle n'avait pas été pompier volontaire, elle n'aurait peut-être pas eu les mêmes réflexes pour secourir cette personne. Elle avait su apporter les bons soins dans une situation d'urgence. Cette connaissance n'a pas de prix.

10

En milieu d'après-midi, David Carré, mon adjoint, passe la tête dans l'entrebâillement de la porte de mon bureau. « On y va ? » Il est temps de prendre la route si nous voulons être à 16 heures à Chalon-sur-Saône. David a suivi le même parcours que moi. Il s'est engagé comme pompier volontaire en 2003 à Montceau-les-Mines, alors qu'il avait à peine 18 ans. Passé professionnel cinq ans plus tard, il a eu son concours d'officier en juin 2018. Depuis quelques mois, il emprunte la RCEA tous les jours, depuis sa maison dans les environs de Montceau, pour prendre place dans le bureau que nous partageons.

Aujourd'hui, nous participons à une mission qui sort de l'ordinaire. Avant de partir, nous savons déjà exactement ce qui nous attend. Par définition, ce n'est pas une intervention comme les autres. Il s'agit d'un exercice. Et pas n'importe lequel. Une simulation d'attentat terroriste doublé d'une tuerie de masse.

Le lieu de rassemblement est fixé dans les environs du Colisée, une salle d'environ 5 000 places, antre de l'Élan sportif châlonnais, club sacré champion de France de basket en 2017. Sur place, nous nous retrouvons aux côtés des troupes d'élite qui interviennent dans ce genre d'opération. Il y a là les hommes du GIGN, les policiers du Raid, les brigades antigang, les services de déminage, et nous, les pompiers du département chargés de secourir les victimes.

Toutes proportions gardées, nous avons tous un point commun : nous nous entraînons chaque jour, nous travaillons sans relâche et nous sacrifions une bonne partie de notre vie privée pour répondre présents le jour où les Français ont besoin de nous, que ce soit lors d'un banal incendie, d'un accident de la route fortuit ou, dans le pire des cas, d'une tuerie de masse. Lors de cet exercice, chacun a un rôle bien précis. Les hommes du GIGN sont chargés de neutraliser les six terroristes présents au Colisée. La mission des démineurs est de désactiver les bombes. Et nous, pompiers, nous jouons notre rôle : secourir, sauver, aider, mais plus que jamais au péril de notre vie. Nous accourons sur les lieux pour porter secours aux victimes sous la menace des balles ou d'une explosion. Nous effectuons une mission de reconnaissance et de « tri des blessés », ce qui consiste à identifier ceux qui ont besoin de soins en urgence pour les évacuer au plus vite vers l'hôpital le plus proche ou le poste médical établi à la hâte. Sur ce front, nous voyons ce que les chaînes d'info ne montreront jamais, ce que les Français imagineront par la suite en lisant les témoignages des rescapés. Nous sommes en première ligne dans le dispositif de l'État face à une attaque terroriste. Le message de l'exercice est clair : que vous soyez pompiers à Paris, à Chalon ou à Paray, vous pouvez, vous aussi, être confrontés à un attentat terroriste.

Au retour, dans le camion, nous pensons aux pompiers qui sont arrivés les premiers dans les locaux de *Charlie Hebdo* et ont découvert le massacre, à ceux qui ont secouru les victimes qui gisaient au Bataclan et dans les rues avoisinantes. Ou encore au prêtre Jacques Hamel, assassiné par la suite à l'église de Saint-Étienne-du-Rouvray.

Et puis, notre conversation remonte jusqu'aux attentats du 11 septembre 2001. Pour la plupart d'entre nous, c'était la première fois que nous vivions un attentat en direct. À cette époque-là, je venais à peine de m'engager comme pompier volontaire. Lorsque le premier avion a percuté les tours jumelles, j'étais en cours, au lycée de Charolles. Je n'ai appris la nouvelle qu'en sortant pour prendre le bus comme tous les jours afin de rentrer à Paray. Il était environ 15 heures. En passant devant la salle du foyer, mon attention a été attirée par le poste de télévision qui diffusait les images de la première tour du World Trade Center d'où émanait une épaisse fumée, sur un fond de ciel bleu complètement dégagé. Je me suis arrêté net, sidéré par les images. « Si vous nous rejoignez à l'instant, je vous rappelle qu'un avion s'est écrasé contre l'une des deux tours jumelles du World Trade Center à New York. Les causes de cet accident sont, pour l'instant, inconnues. »

Un mois avant mes débuts comme pompier volontaire, je me retrouvais dans le rôle du spectateur. La chaîne de télévision a rapidement retrouvé les images d'archives d'un attentat qui s'était produit au même endroit en 1993, lorsqu'une voiture piégée avait explosé dans le parking, tuant six personnes. Elle a interrompu brutalement ce reportage pour revenir au direct : « Un deuxième avion vient de percuter l'autre tour. » J'étais sans voix, complètement sonné, même si cet effroyable attentat avait été perpétré à plus de 6 000 kilomètres, sur un autre continent. Je me rendais compte de l'ampleur du drame, que des milliers de vies étaient en jeu, que j'étais le témoin d'un moment historique majeur.

En direct de New York, le journaliste a annoncé que les secours étaient arrivés sur les lieux, que les pompiers de New York se précipitaient dans les deux tours pour sauver des vies. Ces hommes avaient l'air si petits face à l'immensité des immeubles et de la tragédie qui se jouait, leurs moyens paraissaient complètement dérisoires. C'est l'une des particularités de notre métier. Nous arrivons toujours à contresens pour affronter ce qui ne peut pas se dire, ce qui ne porte pas de nom, armés de nos camions, de nos sirènes, de nos casques ou encore de nos lances d'incendie, des moyens qui peuvent parfois paraître vains, surtout lorsque l'inimaginable vient de se produire. Deux avions, avec des centaines de passagers à bord, avaient percuté délibérément les tours emblématiques de Manhattan où travaillaient, chaque jour, des milliers de personnes. La population entière de Paray aurait pu être logée dans ces bâtiments.

Lorsque la première tour s'est effondrée comme un château de cartes, j'ai tremblé d'angoisse. J'ai pensé aux victimes, mais surtout aux pompiers qui venaient d'y trouver la mort. Dans notre jargon, nous parlons de suraccident lorsqu'un pompier meurt au cours d'une intervention, happé par une voiture ou victime d'une explosion de gaz. Lorsque nous arrivons sur les lieux, nous nous efforçons avant tout de l'éviter. Nous prenons nos précautions. Techniquement, ce qui s'est produit le 11-Septembre pourrait être qualifié de suraccident, mais le mot n'est pas assez fort pour évoquer les 343 compagnons décédés ce jour-là, parmi les milliers de victimes.

J'ai appris bien plus tard que les Américains parlaient de *nine eleven* lorsqu'ils évoquaient les attentats du 11-Septembre. Cela donne 911, en chiffres, soit le numéro d'appel des secours aux États-Unis – l'équivalent du 112 en Europe. Peut-être s'agit-il d'un hommage inconscient aux soldats du feu tombés ce jour-là au champ d'honneur ? Une manière, en tout cas, pour le peuple américain de ne jamais oublier ni cette tragédie ni ceux qui sont toujours prêts à les secourir en cas d'urgence.

Quand j'ai vu la seconde tour s'écrouler à son tour, je ne me suis pas senti seulement américain, comme l'a si bien exprimé par la suite Jean-Marie Colombani dans son éditorial à la une du *Monde*. À cet instant-là, je me suis senti moi-même pompier new-yorkais.

Il y a certainement des mises en condition plus agréables pour commencer sa carrière. Il me restait moins d'un mois avant de rejoindre la caserne. J'étais marqué par les reportages réalisés sur place, par ces images de pompiers effondrés, les visages couverts de poussière, et fondant en larmes sur les trottoirs de New York, avec leur uniforme arborant dignement les sigles FDNY, pour « Fire Department New York ». J'ai frissonné lors des longues minutes de silence à leur mémoire. J'ai vibré au son des cloches ou à celui des cornemuses rendant hommage aux victimes. Je me suis projeté de l'autre côté de l'Atlantique. Toutes ces casernes qui affichaient avec orgueil les portraits de tous les pompiers qui n'étaient pas revenus...

À ce moment-là, je ne savais pas encore dans quoi je mettais les pieds, et je me demandais si je serais, moi aussi, confronté un jour à ce genre d'attentat. Si j'avais encore le moindre doute, l'exercice de Chalon m'a confirmé qu'il n'était plus possible d'écarter cette possibilité.

Je n'ai pas eu peur pour autant ce 11 septembre. J'éprouvais même une certaine fierté d'appartenir bientôt à ce corps dont les membres pouvaient tomber pour une cause aussi noble que celle de sauver des vies. Je me souviens aussi de la réouverture de la Bourse de Wall Street, le lundi 17 septembre, par ces pompiers présentés comme des « héros » qui ont fait sonner la cloche après une minute de silence. J'étais réconforté et conforté dans mon choix, dans l'idée qu'il y avait toujours besoin de pompiers, malgré le risque de ne peut-être pas rentrer à la caserne un jour.

2

« HIGHWAY TO HELL »
AC/DC

11

Quelques jours avant la première échographie, début août, nous roulons, Fanny et moi, sur la RCEA en direction de Montluçon pour prendre l'A71 et monter à Paris. Nous nous rendons à un concert d'Iron Maiden à l'AccorHotels Arena. Il y a si longtemps que j'attends ce moment. Et dire que notre bébé – qui n'est pas encore né – va déjà entendre en live les riffs endiablés de mon groupe fétiche alors que j'ai mis trente-cinq ans à les voir enfin sur scène !

Derrière mon uniforme de pompier, comme le chantonne parfois Fanny pour se moquer de moi, il y a un grand cœur de rocker, ou plutôt un grand amateur de hard-rock et de heavy metal. En musique, j'aime ce qui est lourd. Je voue un véritable culte à des groupes comme Led Zeppelin pour leur maîtrise instrumentale poussée à l'extrême et j'adore la pêche d'AC/DC ou de Scorpions. Surtout, je suis un fan inconditionnel d'Iron Maiden. J'apprécie aussi la musique classique. Comme pour le rock, un instrument seul n'est rien. C'est l'ensemble qui crée la virtuosité.

Depuis tout petit, je suis fan de musique. Mes parents ont pris des photos de moi assis dans un fauteuil en rotin, le casque sur les oreilles, totalement concentré sur ce que j'écoutais en ce temps-là : des valeurs sûres pour moi, comme Jean-Jacques Goldman, Daniel Balavoine ou Michel Berger, les artistes qu'aimaient mes parents. Ado, j'ai découvert Queen et Freddie Mercury, puis j'ai remonté l'histoire du rock jusqu'à la naissance de Led Zep dans la deuxième partie des années 1960. Quelle force ! Un vrai bonheur ! En musique, je ne fais pas du passé table rase. Je ne balaie pas d'un revers de main tout ce qui existait avant ma naissance.

J'assiste régulièrement à des concerts. J'ai vu à huit occasions le groupe Muse sur scène. Je me plais à interpréter de temps en temps certains de leurs morceaux au piano. Lorsque j'étais étudiant, j'avais même acheté une guitare électrique, un modèle ressemblant à une Fender Stratocaster, blanc et doré, comme celles de Dave Murray ou d'Adrian Smith d'Iron Maiden. J'ai pris des cours. J'en joue parfois chez moi, mais je n'ai pas pratiqué assez assidûment la guitare pour que ce soit du sérieux. Je ne suis donc jamais monté sur scène : contrairement à ma vocation de pompier, je suis resté du côté du public.

Revenons au concert d'Iron Maiden à l'AccorHotels Arena début juillet. Comme tous les jours, le trafic est dense sur ce tronçon de la RCEA, qui traverse le département de l'Allier, et qui est souvent considéré comme le plus dangereux de cette route. Une nouveauté bouleverse pourtant le train-train habituel. Le gouvernement vient de réduire la vitesse maximale à 80 kilomètres-heure sur les nationales. Les usagers tentent de s'adapter à ces nouvelles conditions de circulation.

Le camion qui nous suit n'entend manifestement pas respecter la nouvelle limitation de vitesse. Il roule pratiquement pare-chocs contre pare-chocs pour m'intimider. En vérité, il me pousse à appuyer sur le champignon pour ne pas retarder sa livraison. Lorsque je jette un coup d'œil dans le rétroviseur, j'ai l'impression de prendre un selfie avec un requin ou un tigre prêt à me dévorer en arrière-plan. Par expérience, je sais qu'une voiture de tourisme est bien peu de chose face à ces monstres de la route que sont les poids lourds, qu'elle n'a pas les moyens de résister à un quarante tonnes, même à 80 kilomètres-heure. À force de surveiller le camion derrière moi, les images du film *Duel* de Steven Spielberg me reviennent à l'esprit. Cet automobiliste harcelé par un camion dans le Grand Ouest américain. J'ai l'impression de vivre la même scène. Je ne vois pas le visage du chauffeur à travers le rétroviseur. Je ne sens que la présence grondante d'un monstre qui se rapproche dangereusement de ma plaque d'immatriculation.

Même pas peur. Je lui tiens tête. Je respecte, avec zèle, la nouvelle limitation de vitesse. Agacé par ma discipline, le chauffeur poursuit son harcèlement routier. J'ai la tentation de m'arrêter, de descendre de la voiture et de dire deux mots au chauffeur : « Si vous, vous n'avez jamais vu de cervelle sur la chaussée, je peux vous assurer que moi, oui, j'en ai déjà trouvé. »

À force d'arpenter les routes européennes, le routier est certainement tombé un jour sur une collision. Il a certainement fermé les yeux en passant devant le camion d'un collègue dans le fossé. Si c'est le cas, il n'en a visiblement pas tiré la leçon.

Si je m'étais arrêté au milieu de la RCEA, je lui aurais dit à quel point il mettait des vies en danger, celles des autres usagers de la route, celles de Fanny et de notre futur enfant. Je lui aurais parlé longuement du sang qui coule à travers l'amas de ferraille et se répand sur la chaussée, des longues heures de désincarcération pour en extraire des cadavres démembrés, afin de les remettre aux proches pour les funérailles. Mais je ne fais rien de tout ça. Ce n'est pas le rôle d'un pompier d'immobiliser son véhicule sur une artère aussi fréquentée que la RCEA pour faire la morale à un chauffeur, encore moins en dehors de son service. D'autant qu'il ne m'aurait pas cru. L'enfer que je lui aurais décrit, il faut le voir pour y croire. Tant qu'à faire de la pédagogie, autant l'écrire dans un livre pour tenter d'en convaincre les lecteurs. C'est moins dangereux que de sermonner un camionneur au beau milieu de la route.

J'ignore jusqu'à quel point mon agacement est exacerbé par mon instinct paternel, par ma volonté de protéger la vie de ma compagne enceinte. Ce qui est certain, en revanche, c'est que je connais bien la RCEA et ses dangers. J'ai en tête plusieurs des accidents sur lesquels je suis intervenu. Mais il n'est pas question de s'appesantir. Iron Maiden nous attend à Bercy.

12

Il est grand temps de vous parler de l'un des principaux protagonistes de cette histoire. Vous avez déjà croisé son chemin dans les premières pages de ce livre. Si vous ne l'avez pas reconnu, c'est que vous ne l'avez pas encore rencontré. Les autres savent à qui je fais allusion. Ce n'est ni un assassin en fuite ni un repris de justice. Au contraire, il est bien identifié et même localisé. À vrai dire, ce n'est pas un homme ni une femme, même si son nom est féminin. Elle a mauvaise réputation pour les taches de sang qui l'éclaboussent, pour le nombre de foyers brisés depuis qu'elle a vu le jour durant l'après-guerre, pour les vies qu'elle a détruites. Elle s'est forgé sa sinistre renommée au fur et à mesure des tragédies qui ont fait les gros titres de la presse et des chaînes d'info. Elle n'est pas un long fleuve tranquille comme la Loire qui part rejoindre l'Atlantique, mais une artère qui coule avec fracas à quelques kilomètres au nord de Paray-le-Monial, vers l'est et vers l'ouest. Elle se déverse dans les deux sens.

Les médias l'ont surnommée « la route de la mort ». Rien qu'à entendre son nom, la RCEA, ceux qui l'ont déjà rencontrée en tremblent encore – surtout à cause du sentiment d'insécurité qu'elle procure.

Je sais pourtant qu'elle n'est pas plus mortifère ni plus accidentogène que les autres. À la caserne, nous intervenons beaucoup plus souvent sur le réseau secondaire. Mais tous les pompiers de Paray et des autres centres situés sur son parcours s'accordent sur un point : cette nationale a quelque chose de différent. Chaque fois que nous recevons notre ordre de mission, ce que nous appelons dans notre jargon le « ticket », nous sentons une forte poussée d'adrénaline et d'appréhension à la découverte du mot « accident », suivi de l'acronyme RCEA.

Nous ne savons jamais ce que nous allons trouver sur le lieu de l'accident. Lorsque nous quittons la caserne, nous savons que nous partons sur une route dangereuse, que nous devons être sur nos gardes pour éviter d'être happés par une voiture ou un camion pendant que nous apportons les premiers secours. Notre seule certitude, c'est que la RCEA, c'est le « ticket » qui allume, chaque fois, tous les voyants « vigilance ».

Cette route, si vous l'avez déjà empruntée, vous en gardez probablement le souvenir d'une épaisse ligne continue d'une soixantaine de centimètres qui sépare ses deux voies et dissuade les usagers de doubler. Vous vous rappelez probablement les nombreux panneaux jaunes, lorsque vous vous êtes engagés sur la RCEA à Mâcon, alertant sur sa dangerosité tous les vingt mètres dans une langue différente – en français, en anglais, en espagnol ou encore en allemand. Et pour ceux qui ne maîtriseraient aucune d'entre elles, le dessin est suffisamment expressif, puisqu'il illustre une violente collision frontale entre une voiture et un poids lourd.

Sur cette route, l'automobiliste est prévenu comme les passagers d'un avion par le commandant de bord avant de traverser une zone de turbulences : « Bienvenue à bord de la RCEA. Veuillez attacher vos ceintures ! » Le message est identique, que vous embarquiez à Mâcon, à Montluçon, à La Souterraine, voire du côté de Limoges ou à Angoulême où les tronçons à quatre voies sont plus nombreux. La différence avec l'avion, c'est que le pilote, ici, c'est vous.

Cette nationale traverse la France à l'horizontale, de la Bourgogne à la Charente, de l'autoroute A6, qui plonge ensuite dans la vallée du Rhône, à l'A10, qui file vers l'Espagne.

13

La RCEA ne présente aucun signe extérieur de dangerosité. Elle n'emprunte pas d'innombrables lacets comme un col des Alpes ou des Pyrénées. Elle ne longe pas non plus de vertigineux précipices. Au contraire, la RCEA est une route en pente douce qui traverse les paysages vallonnés de Bourgogne, de l'Allier et de la Creuse. Elle sent bon le terroir. Elle parcourt les crus de Bourgogne, le Charolais, ma région natale, bien connue pour la qualité de sa viande, la région d'Angoulême, où il est possible de savourer le pineau des Charentes avant de s'attaquer aux cognacs. Sans oublier les nombreux fromages à déguster sur le parcours ou encore les églises romanes à découvrir, en particulier la basilique de Paray-le-Monial. Presque millénaire, elle est souvent présentée comme un « petit Cluny », car son architecture rappelle la prestigieuse abbaye du même nom, en grande partie détruite après la Révolution. Les touristes se rabattent souvent sur notre basilique pour avoir une idée de ce qu'avait été ce centre spirituel et intellectuel qui rayonnait au Moyen Âge depuis mon petit coin de Bourgogne. Les pèlerins partaient alors de Cluny vers Compostelle. Ils emportaient avec eux leur culture et leur savoir-faire. Ils bâtissaient des cathédrales, des couvents, des hospices. Le chemin de Saint-Jacques était la RCEA de l'époque. Cette route pourrait être aujourd'hui une invitation à la flânerie, au partage, à la méditation, à la gastronomie ou à la culture. Ce n'est pas le cas, hélas.

La RCEA est une route low cost, reflet de notre société d'aujourd'hui, toujours à la recherche de bons plans. Elle n'a pas de péage. Les poids lourds traversent la France à moindres frais. Des économies d'autant plus importantes que son parcours évite les dénivelés de l'Auvergne plus au sud. Une aubaine pour le transporteur dans un monde où la compétitivité est reine.

Pour le chauffeur, en revanche, son salaire est parfois aussi celui de la peur, comme pour Mario, le personnage interprété par Yves Montand dans le chef-d'œuvre en noir et blanc d'Henri-Georges Clouzot, qui traverse un pays latino-américain au volant d'un camion chargé de nitroglycérine. Même si les produits qu'ils véhiculent dans leurs remorques ne sont pas forcément aussi dangereux et explosifs, les camionneurs n'en prennent pas moins des risques considérables sur cette route, surtout après avoir avalé des centaines, voire des milliers de kilomètres de bitume à travers l'Europe.

Au fil des heures, les longues lignes droites de la nationale deviennent monotones pour ceux qui ont roulé depuis le Portugal ou depuis la Lituanie, aux deux extrêmes de l'Union européenne. Les paupières se ferment. La fatigue est un facteur d'accident, tout comme le verglas en hiver ou l'impatience de ceux qui se retrouvent coincés derrière un camion. Ces routiers qui ne pensent qu'à franchir la frontière espagnole le samedi avant 22 heures, heure à laquelle le trafic poids lourd est interdit en France jusqu'au dimanche soir même heure, histoire de passer un dimanche réconfortant en famille à la maison plutôt que perdus sur un parking en bord de route.

Lors de sa construction après la Seconde Guerre mondiale, cette nationale était appelée « route Suisse-océan », comme pour lui donner un parfum de vacances avec, à ses deux extrémités, les plages et les pistes de ski.

Christian Martin se souvient d'une antiquaire dont le magasin se trouvait au centre de la ville de Charolles, sur le tracé que suivaient ceux qui partaient rejoindre l'Atlantique ou qui en revenaient. Stupéfait d'y découvrir des meubles volumineux, il lui avait demandé comment elle avait procédé pour les faire entrer dans la boutique. Le flux incessant des camions devant sa vitrine empêchait un acheteur de repartir avec son armoire Louis-Philippe, et le vendeur n'avait pas beaucoup plus de facilité pour y déposer sa maie en noyer. Difficile de faire des affaires dans ces conditions. L'antiquaire avait pourtant contourné le problème. Elle chargeait et déchargeait les meubles vers 4 heures du matin, à l'heure où les véhicules étaient rares sur la RCEA.

Après la chute du mur de Berlin en 1989, la nationale a changé de nom pour mieux refléter les nouvelles frontières repoussées plus à l'Est, jusqu'aux plaines de Russie. Elle est ainsi devenue la « route Centre-Europe-Atlantique », celle qu'empruntent aujourd'hui les biens et les personnes qui circulent librement au sein de l'UE.

Tintin a été, sans aucun doute, l'un des premiers habitants de Paray-le-Monial à se rendre compte des nouveaux débouchés qui s'ouvraient pour la RCEA juste après l'effondrement de l'Empire soviétique. Une journée grise et froide de janvier 1990, il s'est retrouvé mobilisé pour une cause humanitaire qui n'avait pourtant rien à voir avec sa profession de soldat du feu. Comme pompiers, nous avons parfois recours au système D sur une intervention pour résoudre un problème électrique ou technique. C'est d'ailleurs l'un des avantages d'avoir dans nos rangs des volontaires qui exercent des professions différentes comme menuisier ou électricien. Dans le cas de Tintin, il maîtrise bien la réparation de moteurs. C'est ainsi qu'il s'est retrouvé dans le rôle d'un mécanicien sur le parking d'un centre commercial de Paray-le-Monial après la chute de Ceausescu en Roumanie.

De permanence à la caserne de Paray-le-Monial, il avait soudain reçu un appel de détresse inhabituel. Il provenait d'autres pompiers, arrivés de Tours. Ils se trouvaient sur le parking de l'Intermarché à bord de deux minibus. Ils accompagnaient deux camions roumains, gros et noirs, comme Tintin n'en avait jamais vu de sa vie. D'énormes véhicules en acier qui ressemblaient plus à du matériel militaire qu'aux semi-remorques qui transitaient à l'époque sur la RCEA. Les collègues tourangeaux lui avaient appris qu'il s'agissait d'un convoi humanitaire. Ce dernier transportait des médicaments, des vivres et des couvertures pour secourir les Roumains qui en avaient le plus besoin lors de cet hiver rigoureux, sur fond de chute du régime communiste.

La pompe à eau de l'un des camions roumains était en rade. Christian Martin a sorti le chalumeau. Il a passé sa soirée et le début de la nuit à la réparer. Vers 23 heures, le moteur a commencé à tourner, le tuyau d'échappement a éjecté un gros nuage noir. Victoire ! Le camion a pu reprendre la route. Tintin avait ainsi apporté une modeste contribution à l'histoire qui s'écrivait à des milliers de kilomètres de chez nous.

Depuis la disparition du rideau de fer, la route est devenue celle de la libre circulation. De l'émigré portugais, pressé de rentrer au village pour les vacances, puis, dans l'autre sens, de reprendre le travail, aux fruits espagnols transportés en toute hâte vers les supermarchés allemands, en passant par les voitures fabriquées en Slovaquie qui arrivent en camion pour être livrées à leurs acquéreurs, le trafic a explosé sur la RCEA. Ce sont près de 15 000 véhicules qui défilent chaque jour sur le tronçon dont nous sommes responsables à la caserne de Paray ; pas loin de la moitié sont des poids lourds.

Quand je prends le temps de m'arrêter quelques instants sur le pont qui enjambe la RCEA à Vitry-en-Charolais, la localité voisine, et que je contemple le va-et-vient qui s'écoule à vive allure, je vois passer sous mes yeux une caravane continue de semi-remorques de toutes les nationalités européennes. Il n'y a pas un meilleur point de vue pour voir défiler la mondialisation.

Lorsque nous intervenons sur un accident, nous tombons parfois sur des camions dont il nous est difficile de déceler l'origine. La cabine est immatriculée dans un pays, la remorque dans un autre et le chauffeur n'a pas la même nationalité. Ces poids lourds me font penser aux cargos qui battent pavillon panaméen, dont l'armateur est grec et le personnel philippin. À croire que la route est devenue un océan.

La RCEA, c'est un peu comme le circuit de Monaco pour la Formule 1. Il est pratiquement impossible de doubler. Mais certains se risquent à dépasser les autres malgré toutes les mises en garde, à franchir l'épaisse ligne continue, mettant non seulement leur vie en danger, mais aussi celle des usagers arrivant en sens contraire. D'autres harcèlent le véhicule qui les précède, quitte à s'acharner sur leur klaxon pour mieux se faire entendre.

Sur la RCEA, c'est l'inattention qui est fatale. Le chauffeur de poids lourd qui répond à un texto de son entreprise lui demandant de se dérouter pour prendre une cargaison sur son passage, l'automobiliste qui prend son portable pour prévenir sa famille qu'il arrivera en retard ou celui qui cherche la fréquence de RTL pour écouter « Les Grosses Têtes » en fin d'après-midi. Tous courent le risque de se décaler sur le couloir d'en face. La RCEA ne pardonne pas le moindre écart, à moins d'être extrêmement chanceux. Un accident sur quatre est mortel. Sur cette route, c'est comme au tennis. Si votre véhicule glisse sur le couloir de gauche, il est *out*, écrasé par le camion qui déboule en sens contraire. S'il sort sur la droite, ce sont les glissières de sécurité ou le fossé. Il convient de rester concentré comme Roger Federer, grand champion que j'admire, pour rester en course.

Je pourrais vous donner des chiffres sur le nombre de décès qu'il y a chaque année sur cette nationale. Ces statistiques ne sont pas assez parlantes. Elles varient d'une année à l'autre. Pour donner une idée plus précise de la dangerosité de la RCEA, je préfère reprendre les propos de mon adjudant-chef Christian Martin, qui en a vu défiler des accidents depuis qu'il a pris ses fonctions de pompier au début des années 1980 à Paray : « S'il y avait un bouquet de fleurs à chaque endroit où s'est produit un accident mortel, cette route, ce serait *florissimo.* » Mais heureusement, avec le temps, les accidents deviennent moins fréquents et moins graves.

14

Je cours à l'hôpital de Paray-le-Monial pour prendre des nouvelles de Julien, dont je viens d'apprendre le grave accident. Jeune agriculteur de 25 ans, il a été victime d'une scène qui se joue plus habituellement dans les arènes espagnoles que dans notre région du Charolais. Une bête habituellement docile, pas menaçante pour un sou, a trahi sa confiance en l'agressant par surprise. La charge a été tellement violente que Julien est tombé au sol. Le taureau ne l'a pas lâché pour autant. Il a pris de l'élan et lui a enfoncé l'une de ses cornes de 15 centimètres dans la cuisse. Julien a réussi à s'échapper en rampant jusqu'à la clôture. Il est parvenu à se glisser dessous et à repousser les assauts de la bête en utilisant les câbles électrifiés. Ses appels au secours sont restés vains. Il a alors traversé une route, en traînant sa jambe blessée et ensanglantée, avant d'être secouru par un voisin alerté par ses cris. Lorsque je le retrouve, il est hors de danger.

Néanmoins, nous ne sommes pas à l'abri d'un accident mortel. Un pompier volontaire est récemment décédé à près de 70 kilomètres de Paray-le-Monial. Une collision tristement classique sur le tronçon le plus dangereux de la RCEA. Il s'est déporté sur la gauche et a heurté un poids lourd qui arrivait en face. La photo de la gendarmerie circule sur les réseaux sociaux. Le camion est en flammes sur le côté de la route. Son chauffeur s'en est sorti avec des blessures. Un peu plus loin, on devine la camionnette de notre collègue.

Le pompier décédé n'était pas en fonction et ne se rendait pas non plus sur une intervention lors de son accident. Pour cette raison formelle, même si nous avons beaucoup pensé à notre collègue, nous n'avons pas mis en berne les drapeaux de la caserne qui se trouvent à l'entrée, à côté du mémorial. Celui-ci honore la mémoire de deux pompiers de Paray-le-Monial tombés dans l'exercice de leur profession : le sergent Joseph Laforêt, décédé en service commandé en 1967, et le caporal Sébastien Haynau, qui a perdu la vie lors d'un accident de la circulation en 2016 dans le Var en allant prendre son service à sa caserne de Marseille. Il n'avait que 23 ans. Le hasard a fait que j'ai pris mes fonctions à la caserne le jour de ses funérailles. J'avais la gorge nouée. J'étais ému aux larmes par la haie que nous lui avions faite à cette occasion.

Sur la RCEA, les pompiers ont eux aussi payé un lourd tribut. Christian Martin faisait partie de ceux qui sont intervenus en 2011 sur une collision sur la « route de la mort ». Imaginez leur stupeur lorsqu'ils ont découvert à leur arrivée un véhicule de pompiers encastré dans un camion. Une tragédie qui les a touchés au plus profond d'eux-mêmes. Lorsque les pompiers ont reconnu le visage de Frédéric Jacob, le chef de la caserne voisine de

Gueugnon, leur sang s'est glacé. Croyez-moi. Nous devons être très forts pour tenir dans ces moments-là, pour faire notre métier, pour continuer à cisailler la tôle sans faiblir.

Frédéric Jacob avait perdu la vie en se rendant à une formation à Mâcon au volant d'un véhicule du centre de secours. Un pneu avait éclaté dans un virage et l'engin s'était déporté. Ce genre de défaillance peut se produire sur n'importe quelle route. Sur la RCEA, elle est souvent fatale. Elle ne fait pas dans le détail, peu importe qu'il s'agisse d'une erreur humaine ou d'un problème technique. Un camion arrivait en sens contraire. Le véhicule de Frédéric Jacob l'a violemment percuté.

Au terme de l'intervention, les pompiers ont rendu un émouvant hommage à leur collègue sur les lieux mêmes de l'accident. Chaque fois que Christian me raconte cette scène, j'en ai la chair de poule. La quinzaine de pompiers sur place ont fait une haie d'honneur à Frédéric Jacob jusqu'à l'ambulance. Incapables de contenir ce qu'ils ressentaient, au fond d'eux, dans leurs tripes.

Quinze ans plus tôt, le colonel Claude Sins, alors directeur départemental, avait trouvé la mort dans un accident sur cette même route en rentrant chez lui après une intervention sur un incendie qui avait ravagé la caserne de Bourbon-Lancy. Ces drames renvoient à la devise des pompiers de Paris « Sauver ou périr » – qui peut s'appliquer à tous les pompiers, de France comme d'ailleurs. La nôtre est bien moins catégorique : « Courage et dévouement ». La devise, c'est une chose ; le comportement des gens, c'en est une autre.

15

Au Palais de la bière, à Paray-le-Monial, un client me fait signe en me voyant pousser la porte d'entrée. Je le reconnais immédiatement. Je laisse mes amis prendre place et je m'approche de sa table pour prendre de ses nouvelles. Il me présente comme un héros à ses amis. C'en est vraiment gênant. « C'est lui qui m'a sorti de la bagnole ! » s'exclame-t-il.

C'est vrai. Je l'avais désincarcéré lors d'un accident sur la RCEA. Depuis, chaque fois que je le croise, il me serre dans ses bras comme si j'étais son bienfaiteur. Depuis qu'il a échappé à la mort, il est devenu un bon vivant. Il a fait de « Carpe diem » sa devise. Au bistrot de Paray, il me propose de prendre un verre avec lui. Je lui montre du doigt les amis qui m'attendent. Il comprend. Plus tard, lorsque nous demandons l'addition, nous apprenons qu'elle est déjà réglée. Nos regards se tournent vers le survivant de la RCEA, toujours installé au fond du bar, pour le remercier. D'un petit geste de la main, il nous répond : « De rien. » Un moment de reconnaissance qui fait le plus grand bien. Une belle histoire qui confirme que la mort n'a pas le monopole de cette route, qui est tout sauf sûre.

Jennifer m'a aussi confié son sentiment d'insécurité. Malgré ses années d'expérience, lorsqu'elle part sur la RCEA, elle est toujours saisie par la même angoisse. « Chaque fois, je suis sur mes gardes quand je pose les cônes pour bien délimiter la zone de l'accident. Je surveille attentivement les deux côtés de la route. »

Bien sûr, Jennifer prend les mêmes précautions sur toutes ses interventions. Sur la RCEA, pourtant, comme tous nos pompiers, elle est aux aguets. Il y a les automobilistes inconscients qui passent, sans regarder devant eux, en filmant la scène de l'accident avec leur portable tels des paparazzis qui espèrent voler les images d'un people à l'agonie, comme s'il s'agissait de Lady Di sous le pont de l'Alma.

Et puis, il y a aussi le camion qui tente de forcer le passage. Le pire cauchemar pour un chauffeur qui doit livrer une usine Renault à Valladolid ou Peugeot à Sochaux, c'est de se retrouver coincé sur un accident. Il arrive souvent que des camions passent en force, sans la moindre compassion pour le collègue tombé sur le bord de la route et sans beaucoup d'égard non plus pour les équipes de secours qui s'activent autour de lui. Ces camionneurs anticipent. Ils savent très bien que, sur un tronçon à deux voies, nous allons tôt ou tard couper la circulation pendant des heures. Or, ils sont tenus par des délais de livraison. *Time is money*.

Il est fréquent de voir sur les bords de la RCEA des bouteilles de plastique remplies d'urine. Afin de livrer leurs courses au plus vite, les transporteurs renoncent à la pause pipi. Ils soulagent leur vessie au volant, au prix de quelques contorsions pas vraiment rassurantes. Ils balancent ensuite la bouteille dans le fossé et poursuivent leur route en ayant gagné quelques précieuses minutes.

Parmi les nouvelles technologies qui ont fait leur apparition sur la RCEA ces dernières années, il y a aussi les tablettes. Des outils censés servir de GPS pour orienter le chauffeur sur des routes inconnues et pour l'aider à situer au plus vite l'adresse de la livraison. Ces tablettes servent également à tuer le temps sur la route. Des chauffeurs les utilisent pour mater un film au volant. Sur les lignes droites et monotones de la RCEA, les cabines deviennent des salles de projection, pour le plus grand désespoir de nos collègues gendarmes qui surprennent parfois le routier en flagrant délit d'inattention.

Ces chauffeurs sont des forçats de la route. Ils se retrouvent le midi ou le soir chez Euroscar, un relais construit sur les bords de la RCEA, à quelques kilomètres de Paray, par un ancien routier espagnol. Un jour, Oscar a choisi de déposer ses plaques et de se lancer dans la restauration. Pendant une heure, tous se retrouvent dans cette grande salle où trônent un buffet de salades et un grand écran qui diffuse les informations. Chez Euroscar, on parle toutes les langues, on échange, on se détend. Certains routiers mangent seuls, d'autres rejoignent des collègues de la même nationalité et partagent ensemble l'un des rares moments de convivialité de leur trajet. Une heure, pas plus. Au-delà, le parking de chez Euroscar devient payant. Pas question d'alourdir les coûts de transport.

Et puis, il y a le portable, que tout automobiliste a aujourd'hui dans sa poche. Un appel ne peut pas attendre la prochaine aire de repos ; un SMS revêt un caractère d'urgence comme lorsque notre bip commence à vibrer à la caserne. Nous sommes entrés dans l'ère de l'immédiateté.

Les chauffeurs de poids lourds sont ainsi connectés en permanence avec leur entreprise. Un message qui retentit sur le téléphone, et ils changent de cap pour prendre une livraison de dernière minute, négociée par des commerciaux qui ajustent leurs prix à la disponibilité de chauffeurs à proximité.

Il vaut mieux ne pas se retrouver sur la RCEA face à un camion qui cumule la pause pipi express, le visionnage d'un film et la lecture d'un SMS. Nous en sommes tous responsables, moi le premier. Dans notre société d'aujourd'hui, nous voulons tout, et tout de suite. Lorsque j'acquiers quelque chose sur Internet, j'aimerais qu'il me soit livré au plus vite, qu'il arrive dans ma boîte aux lettres dans les quarante-huit heures. Je ne comprendrais pas que mon achat mette quatre jours à rejoindre ma maison. Il y a le prix que nous payons avec notre carte bleue sur Internet et celui que nous subissons sur la RCEA, sur toutes les routes de France et d'Europe : la concurrence féroce à laquelle se livrent les transporteurs pour décrocher des contrats et pour livrer des marchandises avec des coûts au ras du bitume.

Pour autant, ce n'était pas mieux avant. Les comportements sur la route étaient tout aussi dangereux. D'accord, il n'y avait pas de téléphones portables au volant il y a trente ans. Il n'empêche que les risques d'inattention existaient déjà. Vous vous souvenez du lecteur qui éjectait brusquement une cassette qu'il fallait chercher sous le fauteuil du passager tout en gardant une main sur le volant et un œil sur la route ? Combien sont passés sous un camion qui arrivait en face lors de cette opération ? Et le temps perdu à la quête d'une cabine téléphonique pour composer le 18 ?

De nos jours, les réseaux sociaux jouent un rôle positif pour les secours. Ils nous permettent de capter de l'information sur le terrain. Parfois, les photos postées par des témoins nous donnent une idée du dispositif que nous devons mettre en place sur une intervention. Dans le cas d'un feu de forêt, ces images nous permettent de mesurer l'étendue des flammes.

Depuis vingt ans, le nombre de morts sur les accidents de la route a chuté, malgré l'arrivée des portables ou des tablettes. Nous sommes passés sous la barre des 4 000 morts par an. Nous sommes loin du temps où les morts se comptaient par dizaine de milliers. Il y a eu d'importants efforts de la part de la prévention routière et de celle des constructeurs aussi. Les voitures sont plus sûres et plus résistantes. De nos jours, un pare-brise ne vole plus en éclats comme autrefois ; l'habitacle de la voiture est mieux protégé, les vies le sont aussi. Grâce au contrôle technique, il y a moins de poubelles sur la route. Et puis, les infrastructures routières ont évolué également. Les points les plus dangereux sont désormais mieux signalés, les villes et les villages contournés, les comportements irresponsables sévèrement réprimés. La RCEA est sur le point de passer à quatre voies. Pour nous, pompiers, le progrès, c'est d'intervenir de plus en plus vite et avec plus d'efficacité.

3

« WELCOME TO THE JUNGLE » GUNS N'ROSES

16

À son entrée dans mon bureau, elle jette un long coup d'œil sur la devise que j'ai encadrée et placée juste derrière moi : « Ça n'a pas de sens d'embaucher des gens intelligents puis de leur dire quoi faire. Nous embauchons des gens intelligents afin qu'ils puissent nous dire ce qu'il faut faire. » C'est signé Steve Jobs, l'une de mes références. Cette citation a le mérite d'annoncer la couleur lors des entretiens d'embauche. À Paray-le-Monial, j'attends beaucoup des nouvelles recrues.

La candidate prend place devant mon bureau. Elle est infirmière. À la caserne, nous avons besoin de professionnels de la santé pour apporter rapidement des soins cruciaux aux blessés et pour suivre l'aptitude physique des sapeurs-pompiers. Dans sa lettre de candidature, une phrase avait retenu mon attention. La candidate y parlait de « soins et de prendre soin ».

Lors de l'entretien d'embauche, elle confirme l'intuition que j'avais eue. Mais il y a autre chose qui me séduit chez elle. Je ne saurais dire quoi exactement. J'en suis troublé. À tel point qu'elle le remarque. Le résultat, c'est que je l'embauche pour le centre de secours, mais pas que. Dans un deuxième temps, nous nous déclarons notre flamme, comme dans un épisode des *Feux de l'amour*, mais version pompiers. Cette candidate se trouve être Fanny, devenue depuis ma compagne. Nous nous sommes « recrutés » pour la vie.

Mais d'ordinaire, je ne vends pas du rêve aux nouvelles recrues. Hors de question de leur faire miroiter des sauvetages héroïques dans des maisons en flammes, impossible de leur donner une image de *warrior* comme dans les films hollywoodiens. Ces héros qui apparaissent le visage noirci par les cendres, sortant au ralenti d'un incendie de forêt apocalyptique avec un enfant dans les bras et accueillis triomphalement par des parents qui expriment leur reconnaissance éternelle. Nous sauvons certes des vies, mais pas seulement, et pas toujours. Ceux qui se présentent comme pompiers volontaires doivent être prévenus. Ils n'auront pas tous les jours l'occasion de jouer ce rôle-là. Je ne souhaite pas briser leurs rêves. Je leur présente simplement la réalité de notre travail au quotidien pour éviter des déconvenues par la suite.

La nouvelle recrue ne s'imagine pas forcément retrouver sur le trottoir une personne âgée, avec sa petite valise à ses pieds et une ordonnance du médecin à la main, qui attend d'être conduite à l'hôpital. Ni ne rêve d'enlever un nid de guêpes dans une grange ou de secourir un chat coincé dans un conduit de cheminée. Si je ne les préviens pas, les jeunes recrues viendront me dire que leurs missions ne correspondent pas à ce qu'elles étaient venues chercher. Elles seront déçues.

Pour embaucher, les meilleurs recruteurs sont les pompiers eux-mêmes. Paradoxalement, ce sont eux qui allument la flamme. S'ils parlent avec plaisir de leur engagement en dehors de la caserne, les volontaires ne tardent pas à demander un rendez-vous pour me voir. Lorsqu'une équipe est soudée, qu'une caserne rayonne dans la ville avec des effectifs qui relatent avec passion leur engagement, il n'y a pas mieux pour attirer de nouvelles recrues.

Pour le pompier qui s'engage, comme Fanny, la suite est moins romantique. Une case du CV reste vierge après le recrutement. Il ne s'agit plus, comme lors d'un examen, de répéter devant son supérieur les connaissances acquises, de décrire sa motivation. Cette épreuve, puisque c'en est une, met le débutant dans l'obligation de passer de la théorie à la pratique, de faire face à la mort qui vient de frapper sur les lieux d'une intervention. Je suis tenté de dire que la recrue appréhende beaucoup plus sa première rencontre avec une personne décédée que sa propre mort. C'est la question que se posent tous les jeunes pompiers. Même si la vocation est précoce, même s'ils ont fréquenté les aînés pendant des années, ils ne peuvent jurer de rien. La case vide de leur CV ne sera cochée qu'après leur première rencontre avec la grande faucheuse.

En tant que pompier volontaire à Paray-le-Monial, il ne pouvait en être autrement : c'est sur la RCEA que j'ai été confronté pour la première fois à la mort.

17

C'était durant l'hiver 2003, huit années presque jour pour jour après l'accident de mon grand-père le soir du réveillon. À croire que les fêtes de fin d'année ont joué un rôle déterminant dans mon destin professionnel. À vrai dire, ce n'était pas tout à fait un hasard si je m'étais retrouvé mobilisé le jour de l'an sur la RCEA. Pompier volontaire depuis un peu plus d'une année, j'étais d'astreinte essentiellement les week-ends et les jours fériés. Il était donc prévisible que mon bip retentisse ce jour-là. Ce qui l'était beaucoup moins, c'est que l'épreuve ultime se déroule le 1er janvier. J'allais enfin savoir si je cochais la case de mon CV restée vide jusqu'alors.

Pour un pompier débutant à Paray-le-Monial, ou partout ailleurs sur la RCEA, l'épreuve du feu, ce sont souvent les accidents de la route. Nos casernes ont la réputation, bien malgré elles, de donner une bonne formation dans le domaine de la désincarcération. Les pompiers demandent parfois leur mutation sur la RCEA pour acquérir une solide expérience dans le découpage de tôles et moteurs compressés, comme d'autres sollicitent le Sud pour se spécialiser dans les incendies de forêt.

Jusqu'à cet accident du 1er janvier, je ne savais pas encore comment je réagirais face à la mort. Je m'étais projeté et, dans ma tête, j'étais prêt. Du moins, je le croyais. À la caserne, nous étions trois jeunes volontaires à nous être engagés à l'automne 2001. Avec moi, il y avait Michael, le fils de l'adjudant-chef, et Anthony, mon ami d'enfance, celui avec qui j'avais grandi – le fils de la nounou qui me gardait enfant.

Nous parlions souvent entre nous de ce premier rendez-vous attendu avec la mort. À la caserne, entre deux interventions, nous passions notre temps à regarder les photos d'accidents. Elles étaient effrayantes.

Des voitures pulvérisées, des camions encastrés dans un arbre et, les plus épouvantables de toutes, ces « sandwichs » dont j'ai déjà parlé. Un amas de ferraille qui nous empêchait de distinguer le nombre de victimes à l'intérieur. L'occasion pour Tintin de faire un commentaire : « Quand vous voyez les dégâts, vous vous rendez compte que les poids lourds ne roulaient pas à 50 kilomètres-heure comme l'exige ce tronçon. Et vous comprenez aussi pourquoi l'automobiliste, qui s'est retrouvé entre deux, n'a eu aucune chance de s'en sortir. »

À force d'entendre ces descriptions effroyables, nous nous demandions nécessairement si nous serions capables de résister à des scènes aussi insoutenables. Mais le jour où cela arriverait, nous saurions alors si nous étions vraiment faits pour ce métier. Sur les lieux du drame, il se pourrait que nous suivions à la lettre les instructions, en faisant abstraction de l'horreur. Peut-être aussi nous retrouverions-nous paralysés par cette scène effrayante, au point de vomir notre dégoût dans le fossé. Il se pourrait également que, l'effroi passé, nous reprenions notre rôle aux côtés de l'équipe. Personne ne savait.

Heureusement, il y avait les aînés. Ceux qui en avaient déjà vu de toutes les couleurs et s'efforçaient de nous rassurer. Ils nous prodiguaient des conseils que nous n'avons jamais oubliés. Ils nous incitaient à ne rien garder pour nous. « Parlez-en, nous disaient-ils. S'il s'agit d'une anecdote plutôt drôle qui fera rire vos collègues, racontez-la. Si vous avez été traumatisés par une intervention éprouvante, parlez-en aussi. »

Tous insistaient sur la force des pompiers : le collectif. Les anciens s'appuient sur les jeunes recrues qui, à leur tour, ont besoin des plus expérimentés. Christian a trouvé cette formule qui résume si bien notre esprit. « En groupe, nous sommes forts. Seuls, nous retrouvons notre condition de commun des mortels. » Une leçon pour nous trois qui faisions nos débuts. Une belle définition de notre métier. Nous ne sommes pas des surhommes, mais ensemble nous pouvons faire des miracles.

Pendant ces longues heures passées à la caserne, Tintin était intarissable sur la RCEA. Pour nous préparer le mieux possible à notre baptême du feu, il nous parlait des interventions qui l'avaient le plus marqué.

En dehors de la caserne, Christian a la particularité de vivre à proximité du cimetière de Paray-le-Monial. Chaque 1er novembre, il voit passer sous ses fenêtres les parents et les proches qui vont fleurir les tombes de victimes d'accidents sur lesquels il est intervenu. Sa voisine y est enterrée. Elle a glissé sur une plaque de glace sur la RCEA et est passée sous un camion. Elle n'avait qu'une trentaine d'années. En l'écoutant, nous prenions conscience tous trois que nous pourrions, en intervention, tomber sur des visages connus pour les avoir croisés au café, voire sur des proches.

Les récits de Christian et des autres pompiers avaient l'avantage de nous préparer au pire, même s'il est difficile de l'imaginer avant d'arriver sur la scène de l'accident. Le maire de Charolles, Pierre Berthier, raconte souvent la même histoire lorsqu'il évoque les années où il était pompier volontaire. Cet enfant de 5 ans qu'il a retrouvé vivant sur les genoux de sa mère dans la carcasse de la voiture familiale. « Voilà les pompiers, maman, ils vont te sauver », lui a-t-il murmuré lorsqu'il l'a vu. C'était trop tard. Elle était décédée. Son père, à ses côtés, aussi. Il faut avoir les épaules solides et le cœur bien accroché lorsque vous tombez sur un drame comme celui-là.

Avec Tintin, nous remontions le cours de l'histoire des sapeurs-pompiers de Paray-le-Monial. Il nous parlait d'une époque où Internet n'existait pas, pas plus que les téléphones portables ou le bip pour alerter les pompiers de garde. La RCEA, en revanche, faisait déjà bien partie de leur quotidien. C'était le temps où les gens qui composaient le 18 tombaient directement sur la caserne. Et la sirène ne réveillait pas que les pompiers de garde. Toute la population retenait son souffle lorsqu'elle entendait l'alerte dans la nuit. « Elle prenait aux tripes les pompiers, les familles, tout le monde », se souvenait Tintin.

Les parents étaient les premiers à se lever aux aurores le dimanche matin. Ils vérifiaient si les enfants étaient bien rentrés de boîte sains et saufs. La sirène avait remplacé la cloche de l'église. Lorsqu'elle retentissait avec fracas, les habitants se demandaient pour qui sonnait le glas.

En ce temps-là, le départ des pompiers était une attraction pour la ville. Christian Martin nous racontait comment les curieux se ruaient vers la caserne dès qu'ils entendaient la sirène. Ils se pressaient devant l'entrée pour voir sortir les pompiers. Ce n'était pas le tapis rouge qui les attirait comme à Cannes, mais les camions de la même couleur. Les pompiers étaient les « stars » avec leurs casques en acier et leurs vestes en cuir noir. Ces soldats du feu partaient vaillamment sauver des vies sous le regard de la population reconnaissante. Certains sautaient même dans leur voiture pour suivre les pompiers, suivant les gyrophares qui les guidaient dans la nuit jusqu'au lieu de l'intervention. Ce n'était pas encore l'époque où les voitures se faufilaient dans le sillage des secours sur l'autoroute ou sur le périphérique pour avancer plus vite dans les bouchons. Non, ces automobilistes-là voulaient simplement découvrir avant tout le monde l'accident de la route ou l'incendie qui alimenteraient pendant des heures et des heures la conversation au café à leur retour.

Il y avait aussi les journalistes qui se précipitaient pour prendre le cliché qui ferait la une le lendemain. Nous avions trois journaux qui se livraient une concurrence féroce : *Le Courrier de Saône-et-Loire, Le Dauphiné libéré* et *Le Progrès*. Celui qui ratait la photo de la ferme en flammes était le grand perdant du lendemain en kiosque. Tout ce beau monde se retrouvait en file indienne derrière le camion de pompiers et partait en pèlerinage à travers la campagne jusqu'au lieu du drame. Mine de rien, comme le reconnaît Tintin, ces drôles de cortèges ont suscité bien des vocations à Paray-le-Monial.

Un jour, Christian est revenu sur la première vie qu'il avait littéralement sauvée, tout au début de sa carrière.

Un moment inoubliable. C'était un enfant tombé dans une mare. Lorsqu'il était arrivé sur les lieux, il était donné pour mort. Il lui avait pratiqué les premiers secours : le bouche-à-bouche indispensable pour les noyés, un massage cardiaque. Ses efforts avaient fini par payer. « Nous l'avons ramené à la vie », a-t-il confié avec satisfaction et humilité. « Ramener à la vie. » Quelle belle expression ! Elle veut tout dire. L'enfant était parti ailleurs. Il s'était perdu. Le pompier l'avait arraché des bras de la mort pour le ramener dans ceux de ses parents pour qu'il puisse continuer de grandir.

Je faisais mes premiers pas lorsque Christian a sauvé cet enfant. J'aurais pu être ce garçon comme j'aurais pu être un autre bébé pour lequel Tintin n'a strictement rien pu faire. C'était en 1984. J'avais 1 an. À cette époque-là, la RCEA traversait le centre de Paray comme toutes les localités qu'elle trouvait sur son chemin. Le trafic était insoutenable. Il envahissait les bourgs même les jours de marché ou de foire, avec les semi-remorques qui passaient à ras des vitrines des magasins. Tintin évoquait des semaines où il « ramassait » sept à huit morts. Une hécatombe. La route n'était pas adaptée au trafic qui ne cessait de croître.

Ce va-et-vient incessant avait provoqué l'un des drames les plus marquants de la carrière de Christian Martin. Il faut dire qu'il venait à peine de s'engager comme pompier volontaire. Il avait une vingtaine d'années. Un camion-remorque allemand, qui traversait Paray, avait emporté avec lui une poussette et le bébé qui s'y trouvait. La mère n'avait rien pu faire. La remorque lui avait arraché la poussette des mains. Comment consoler une mère dont l'enfant vient d'être tué sur le coup, et devant ses propres yeux ? Comment empêcher le chauffeur du poids lourd de se jeter dans le canal lorsqu'il prend conscience du drame ? Christian y était pourtant parvenu. Il avait ceinturé le chauffeur du camion et avait su trouver les mots pour s'adresser à une mère inconsolable.

Ce récit nous a donné froid dans le dos. Comment nous serions-nous comportés ? Impossible de savoir.

Heureusement, Tintin avait des anecdotes beaucoup plus drôles pour nous remonter le moral. Au retour d'un feu de cheminée, il nous avait bien fait rire avec l'histoire d'un autre incendie, autrement plus vorace et dangereux. Il avait secouru avec les pompiers de Paray un homme dont la maison était la proie des flammes. Il était à l'étage. Il hurlait. Dans son dos, c'était un énorme brasier. Les pompiers l'avaient secouru grâce à une échelle à coulisse. Lorsqu'il avait été sorti d'affaire, qu'il s'était retrouvé sur le plancher des vaches, à l'abri, il s'était soudain rendu compte qu'il avait oublié un objet auquel il tenait énormément. Il avait demandé à remonter l'échelle pour aller le récupérer. Vous devinez ce qu'il avait laissé chez lui ? Allez, un indice : Paray est une ville plutôt catho. Langue au chat ? Eh bien, ce monsieur avait tout simplement oublié son livre de messe. Si les pompiers ne l'en avaient pas empêché, il aurait gravi l'échelle, prêt à aller en enfer pour récupérer son bréviaire.

18

C'était le grand jour pour moi. Le bip crucial a retenti aux alentours de 16 heures, à l'heure où la plupart des gens font une sieste pour digérer le repas du Nouvel An ou prennent le volant pour rentrer chez eux. Le ticket nous alertait d'un accident sur la RCEA. Une violente collision entre une voiture et une camionnette. Je suis monté dans le camion avec appréhension.

Cet accident n'avait rien à voir avec les festivités du Nouvel An. Ce n'étaient pas des jeunes qui sortaient de boîte ni une famille qui rentrait à la maison après avoir sabré le champagne. C'était un accident pour ainsi dire banal, comme il s'en produit à longueur d'année sur cette route. Une inattention probablement à l'origine d'un choc avec un véhicule arrivant en sens inverse. Un accident qui avait toutefois une particularité par rapport à ceux qui avaient marqué jusque-là ma jeune carrière : il m'imposait l'épreuve du feu tant attendue et si redoutée.

À notre arrivée sur les lieux, à proximité de Charolles, j'ai suivi scrupuleusement les ordres de mon chef sans me laisser perturber par la vision des corps inanimés à l'intérieur des véhicules accidentés. J'ai pris sur moi. Je me suis concentré sur le rôle qui m'avait été assigné. La procédure est toujours la même. La priorité, c'est d'éviter un suraccident et de venir en aide aux blessés, de protéger et de secourir. Cette opération se résume en trois mots : observer, analyser et décider.

Nous sécurisons le périmètre pour ne pas nous mettre en danger pendant l'intervention. Pendant ce temps-là, notre binôme entame la procédure de reconnaissance. Il fait le tour des véhicules pour compter le nombre de victimes et évaluer la gravité des blessures. Nous prenons le pouls des victimes pour nous assurer qu'elles sont encore en vie. Leur tension, si elle est anormalement faible ou élevée, nous dicte de les secourir, de leur accorder du temps en priorité.

Lors de l'accident du 1er janvier, le chauffeur de la camionnette était vivant, mais la situation était mal engagée. Il fallait le désincarcérer au plus vite pour l'évacuer vers l'hôpital le plus proche. Il n'y avait, en revanche, plus rien à faire pour le conducteur de la voiture, décédé sur le coup. Ma première rencontre avec la mort mais, sur le moment, je n'ai pas eu le temps d'y penser. Je me suis retrouvé dans une certaine inconscience qui m'a poussé à me surpasser, à faire au mieux mon travail. Il fallait extraire le blessé de la camionnette. Il n'y avait pas de temps à perdre. Ce n'était pas une mince affaire, tant les deux véhicules étaient encastrés sous la violence du choc. Nous avons sorti les cisailles du camion et commencé à découper la tôle. Nous sommes restés près de deux heures sur place. Deux heures, cela peut paraître très long. Mais vu l'état du véhicule, je vous assure qu'il n'y avait pas moyen d'aller plus vite.

Je ne me souviens plus si cette personne a survécu à ses blessures ensuite. Nous avions accompli notre devoir. L'homme était en vie lorsque l'ambulance est partie en direction de l'hôpital. Nous ne pouvions pas faire plus. Sa vie était désormais entre les mains des chirurgiens.

Par la suite, j'ai vécu des scènes bien plus insupportables. À force d'intervenir sur des accidents, je reconnais désormais l'odeur de la mort dès mon arrivée sur les lieux. « Aïe, ça sent la merde », me dis-je intuitivement.

Dans l'air, il y a un mélange d'acides de batterie, d'essence, de pluie et parfois de sang que j'identifie dès que je descends de mon véhicule. Cette odeur, elle ne me quitte plus pendant le reste de la journée. Je ne parviens pas à m'en débarrasser. Même si je prends une douche, même si je pars quelques heures pêcher sur la Loire, elle continue de me coller à la peau. Parfois même, je la reconnais alors que les accidents n'ont rien de spectaculaire. Sur les lieux, je sens qu'il règne une atmosphère anormale. Je suis immédiatement sur mes gardes.

Pire encore : quand toutes les personnes impliquées sont mortes sur le coup. Lorsqu'il n'y a plus rien à faire, nous nous perdons dans nos pensées, comme si nous n'étions plus immunisés par notre fonction ou notre uniforme. Nous ne jouons plus notre rôle de pompier. Il n'y a plus de vie à préserver, personne à aider, personne à secourir ou à protéger d'un drame. Il ne reste plus que des cadavres à sortir des carcasses des véhicules, à couvrir pour qu'ils ne soient pas visibles ou reconnaissables par les passants. Nous ne sommes plus dans une action de secours, mais dans de la préservation. La mission est profondément différente. Et puis, nous finissons par être pris par l'intervention. Nous n'y pensons plus.

Ensuite, il y a le retour à la caserne, lorsque nous décompressons. Et là, c'est la force du collectif qui nous aide à surmonter ce que nous avons vécu. Nous parlons entre nous, nous débriefons, nous nous soutenons. Il est tellement important d'avoir quelqu'un vers qui se tourner pour exprimer ce que nous ressentons. Si l'intervention a du mal à passer, on peut trouver des solutions pour mieux la « digérer ». Ma porte est toujours ouverte. Un psychologue d'astreinte est à l'écoute. Après avoir vécu une situation dramatique, ça fait du bien d'en discuter avec un professionnel. Je ne connais pas une seule personne capable de supporter ce que nous vivons dans l'ensemble de notre carrière, ce que nous rencontrons sur chacune de nos interventions, si elle n'est pas accompagnée d'une équipe.

Et puis vient le moment où nous rentrons chez nous, où nous reprenons une vie normale. Sur les lieux de l'accident, nous sommes dans notre rôle de pompier, mais lorsque nous quittons la scène, nous nous retrouvons dans la peau d'un être humain qui a été confronté à la mort d'un autre être humain. Nous prenons conscience de ce que nous avons vécu. C'est notre boulot, c'est vrai. Mais il ne faut pas croire que nous sommes insensibles aux tragédies que nous voyons. On travaille dessus, on s'y prépare, mais il y a un risque psychologique pour nous aussi.

19

Dans l'exercice de ma profession, j'ai découvert une chose à laquelle je ne m'attendais pas : les miracles existent. Je ne suis pas croyant, même si j'ai eu une éducation catholique. J'ai été baptisé, j'ai suivi les cours de catéchisme et j'ai fait ma profession de foi. J'ai grandi dans une ville que l'on pourrait qualifier de « catho », celle où Jésus a révélé son Sacré-Cœur à la religieuse Marguerite-Marie Alacoque au XVIIe siècle. Le pape Jean-Paul II s'est arrêté à Paray-le-Monial pour célébrer une messe lorsque j'avais 3 ans. Toutes les conditions étaient réunies pour faire de moi un croyant. Et pourtant.

Malgré cette éducation catholique, j'ai beaucoup de mal à envisager qu'il y ait une vie après la mort. Je pense plutôt que nous ne faisons qu'un passage sur cette planète, que nous avons tous la possibilité d'y donner le meilleur de nous-mêmes. Et s'il y a quelque chose après la mort, tant mieux. Ces années de catéchisme ne sont pas perdues pour autant. J'ai acquis de nombreuses valeurs humaines que je retrouve dans ma profession de pompier, comme l'entraide, la bienveillance, le sacrifice aussi.

À la caserne, lorsque le ticket tombe, qu'il annonce un accident, je respire profondément avant de monter dans la voiture. Il n'y a pas de routine. On ne peut pas s'y habituer. Sur place, les voitures sont parfois pulvérisées, mais je peux très vite avoir le sentiment que la situation n'est pas dramatique, qu'un miracle s'est produit.

Après un accident, il m'arrive parfois de recommander aux survivants de se rendre à l'église la plus proche. « Vous pouvez aller brûler un cierge sur l'autel ! »

C'est un motard qui dérape, qui chute et sort de la route entre deux arbres où il avait tout juste l'espace pour passer lors de sa glissade. Ou encore le passager d'une voiture sauvé par ce que nous appelons une bulle de survie.

À un moment ou un autre, nous avons tous été témoins d'un miracle. Mais celui vécu par Christian sur la RCEA, il fallait comme saint Thomas le voir pour y croire. Les informations sur le ticket ne laissaient présager rien de bon. Une voiture familiale avait heurté un camion. Inutile de préciser que les pompiers étaient partis en s'attendant à un drame dont ils se souviendraient toute leur vie.

À leur arrivée sur les lieux, leurs pires pressentiments se confirmaient. Sur la route, ils ont découvert le camion à l'arrêt et une Audi noire qui avait dévié de sa trajectoire, avec une famille portugaise à l'intérieur. Juste derrière le conducteur, un bébé était installé dans son siège auto. Le camion avait arraché les ailes avant et arrière, ainsi que les portières du côté du conducteur, comme s'il avait ouvert le véhicule avec un ouvre-boîtes. Le siège auto avait des éraflures sur le côté. La lame était passée à quelques centimètres du bébé sans le toucher. Tous les passagers étaient sains et saufs. Cette famille avait de bonnes raisons de revenir chaque année en pèlerinage à Paray-le-Monial.

Et puis, dans son historique d'interventions, Tintin réserve une place spéciale pour l'une des plus grandes frayeurs de sa vie. La RCEA avait frappé, une fois de plus. Une voiture était découpée en trois morceaux. Le moteur se trouvait au milieu de la route, à plus de 100 mètres de l'impact, et l'arrière à une vingtaine de mètres. Le reste du véhicule avait terminé sa course à moins d'un mètre du canal. Ce n'était plus qu'une carcasse. Sous le volant, le conducteur était couché à même le sol, son siège étant resté accroché à la partie arrière du véhicule. Il se trouvait sous une couverture. Mauvais signe, d'autant que l'état de la voiture ne laissait présager rien de bon. Christian s'est approché. Il s'attendait à trouver un cadavre sous la couverture. Quand il a découvert son visage, il a eu le droit à un « bonjour » de la part de celui qu'il croyait mort ! Bien des années plus tard, Tintin n'en revenait toujours pas : « Il m'a parlé ! »

Chaque fois qu'il nous raconte cette anecdote, nous nous tordons de rire à la caserne. Le conducteur était bel et bien vivant. Il n'avait que de légères blessures aux jambes. Un miraculé.

Pour ma part, j'ai découvert l'existence des miracles dès ma première intervention sur l'accident mortel de janvier 2003. Il y avait une troisième personne impliquée dans l'accident, dont je n'ai pas encore parlé. Une adolescente de 13 ans qui se trouvait à bord de la voiture, dont le conducteur était décédé sous la violence du choc. Elle occupait le siège du mort, mal nommé en l'occurrence, puisqu'il avait protégé la passagère dans une bulle de survie. Le chauffeur avait tout pris de son côté. Nous n'avons même pas eu besoin de la désincarcérer pour l'extraire du véhicule. Elle en était sortie toute seule.

20

Pour mon anniversaire, je réalise un rêve. Comme cadeau, Fanny m'offre mon premier saut en parachute. Elle m'emmène à l'aérodrome voisin de Saint-Yan. Je suis terriblement excité à l'idée de voir enfin ma région natale du haut du ciel, d'essayer de deviner notre maison et la caserne, ainsi que la RCEA avec ses véhicules qui se suivent comme des fourmis dans un sens comme dans l'autre. Un saut en parachute ne dure pas très longtemps, mais le bonheur est immense ! J'attendais ce moment depuis la découverte de l'œuvre de Saint-Exupéry. J'avais lu *Le Petit Prince* lorsque j'étais écolier comme tant d'enfants. À la maison, nous avions une magnifique édition illustrée qui me faisait rêver. La plupart des gens vous disent l'avoir lu « très jeune, comme tout le monde ». Mais je n'ai véritablement découvert cette œuvre que lorsque j'ai franchi le cap de la trentaine. En me plongeant dans sa lecture, j'y ai retrouvé tant de choses qui m'avaient échappé lorsque j'étais enfant que je me suis demandé si ce n'était pas un frein de se plonger trop tôt dans cette œuvre.

Devenu adulte, le livre ressemble à une porte qui s'ouvre. Il y a d'abord une qualité d'écriture, magnifique. J'en rêvais la nuit. Dans mon sommeil, les gens s'exprimaient comme si la plume de Saint-Exupéry rédigeait leurs propos. Des tournures, beaucoup de subjonctifs que je n'utilise pas au quotidien.

Après avoir redécouvert *Le Petit Prince*, j'ai enchaîné avec d'autres de ses livres comme *Vol de nuit* et, bien sûr, *Terre des hommes*. Son œuvre m'a inspiré. Je n'oserais pourtant jamais me comparer à Saint-Exupéry. Il est avant tout un modèle de vie pour moi. Je me retrouve dans certains aspects de son parcours : il pensait beaucoup, il agissait énormément aussi. Il fait partie de ces personnes dont l'attitude me paraît la plus aboutie. Celles qui laissent une trace dans l'histoire et sont capables d'animer les générations suivantes.

Pour ma part, je continue de dénicher dans ses ouvrages des extraits qui m'inspirent dans la vie de tous les jours. J'ai pris l'habitude de les noter sur mon téléphone. Je suis un enfant du tournant du siècle, de l'arrivée d'Internet et de ce que nous appelons communément les nouvelles technologies, au risque de décevoir ceux qui m'imaginaient sortir un vieux calepin usé et jauni de la poche intérieure de mon uniforme pour y écrire quelques lignes. Je mémorise ces citations sur mon portable, tout simplement. Je passe ensuite de longues heures à les relire attentivement, les unes après les autres.

Par exemple, ce passage où il décrit le comportement de Guillaumet pendant ses sept jours de survie dans les neiges andines. Il ne le présente pas comme un héros qui a bravé le froid dans un environnement hostile et dangereux, mais il salue tout simplement sa responsabilité, un mot qui revient souvent dans ma vie professionnelle et personnelle. « Sa grandeur, c'est de se sentir responsable. Responsable de lui, du courrier et des camarades qui espèrent. Il tient dans ses mains leur peine ou leur joie. [...] Responsable un peu du destin des hommes, dans la mesure de son travail. » Je ne pourrais trouver des termes plus nobles pour décrire la mission de tous les sapeurs-pompiers.

La lecture de l'œuvre de Saint-Exupéry m'a donné le goût du voyage, bien sûr, mais aussi et surtout celui de l'ouverture et de l'aventure. Un jour, peut-être, je partirai en Mauritanie pour y découvrir les dunes de sable du *Petit Prince*. Je traverserai – qui sait ? – l'Atlantique pour survoler la cordillère des Andes à bord d'un avion à hélice comme Rivière, le personnage de *Vol de nuit*, qui reliait Santiago du Chili à Buenos Aires en faisant escale à Mendoza, Bahia Blanca ou Trelew. Des noms de ville énigmatiques qui, dans mon imaginaire, me font penser à ces étoiles que Saint-Exupéry décrivait avec tant de beauté lors de ses nuits en Patagonie ou au Sahara.

Il m'a donné envie de passer le brevet de pilote d'avion pour découvrir « le vrai visage de la terre » comme il l'écrit lui-même. Je suis, hélas, daltonien. C'est un frein pour devenir pilote. Je ne pourrai pas faire du vol à l'instrument, que du vol à vue, comme Saint-Exupéry se repérant à la lumière des forts dans le Sahara la nuit. Grâce à Fanny, j'ai pourtant fait un premier pas en sautant en parachute.

« Saint-Ex » a eu une autre influence sur moi. Grâce à lui, j'ai trouvé les mots pour décrire ce qui m'était arrivé lorsque j'ai été confronté à la mort pour la première fois sur la RCEA. Sur l'intervention, je me suis consacré entièrement à l'opération de désincarcération de la personne blessée. Dans *Terre des hommes*, Antoine de Saint-Exupéry décrit admirablement bien ce contraste entre l'horreur d'un récit pour celui qui l'écoute et ce que nous ressentons nous-mêmes dans le feu de l'action. « Une fois pris dans l'événement, les hommes ne s'en effraient plus. Seul l'inconnu épouvante les hommes. Mais, pour quiconque l'affronte, il n'est déjà plus l'inconnu », a-t-il écrit, à propos de Guillaumet.

C'est notre condition d'être humain qui nous pousse à lutter à bras-le-corps contre la mort. À partir de janvier 2003, je n'ai plus jamais été spectateur. J'ai vaincu la peur.

21

À L'Ovale, une brasserie du centre de Paray, il m'arrive d'y croiser des gendarmes. Comme nous sommes dans un café qui rend hommage au rugby, nous refaisons parfois le dernier match du Top 14 avec son propriétaire. Mais aujourd'hui, nous parlons boulot. L'occasion est plutôt rare de discuter entre nous. Il y a certes des formations que nous suivons ensemble, mais il est généralement exceptionnel que nous prenions le temps de comparer nos professions, nous qui nous retrouvons pourtant coude à coude sur les mêmes accidents. « Il y a quelque chose dans votre profession que je ne vous envie pas. » Les gendarmes me contemplent, médusés. Ils attendent plus d'explications. Je leur donne un indice : « La sonnette. » La surprise se lit sur leur visage.

« Celle sur laquelle vous appuyez pour annoncer une tragédie aux proches d'une victime d'un accident de la route. Je vous admire. Je ne pourrais pas le faire.

– Tu rigoles ? Et toi, tu crois qu'on t'envie quand tu découpes la tôle d'une voiture pour en ressortir un cadavre mutilé comme l'autre jour ? »

C'est un dialogue de sourds. Nous campons sur nos positions, convaincus que l'autre a le plus mauvais rôle.

Bien sûr, les gendarmes n'ont pas complètement tort. Lorsque nous arrivons sur les lieux d'un accident, ce que nous découvrons est parfois indescriptible. Nous le gardons pour nous, par pudeur. Il n'empêche que je n'échangerais pour rien au monde ma mission contre celle d'appuyer sur la sonnette d'une maison au milieu de la nuit pour y annoncer la mort d'un enfant, voire, pire encore, la disparition complète d'une famille. Je ne supporterais pas d'être confronté aux cris de douleur, aux larmes, à ces vies brisées brutalement. Je suis admiratif de mes collègues gendarmes. Lors d'un accident de la route ou d'un suicide, les plus malheureux sont ceux qui restent, ceux qui ouvrent la porte lorsque la sonnette retentit.

Si je suis aujourd'hui incapable d'annoncer une si mauvaise nouvelle, c'est probablement parce que j'ai été le témoin d'une scène semblable lorsque j'étais enfant. Je devais avoir un peu plus de 7 ans, mais je conserve au plus profond de moi le souvenir du son strident de la sonnette. Elle avait interrompu brutalement le cours des choses, brisé en mille morceaux la routine de l'après-midi. Le goûter, les devoirs, les dessins animés à la télévision, ces moments partagés avec ma mère avant qu'elle parte prendre sa garde de nuit à l'hôpital, en attendant le retour de mon père du travail. « C'est grave, c'est très, très grave ! » avais-je entendu à travers la porte entrouverte.

C'était un voisin de mes grands-parents que j'ai immédiatement reconnu au son de sa voix. Il avait beaucoup de mal à reprendre son souffle. Il avait couru pour nous prévenir que mes grands-parents paternels avaient eu un accident en sortant de chez eux. Mon sang n'avait fait qu'un tour.

Ma mère n'avait pas eu le choix : elle avait dû me laisser seul avec Camille à la maison. Elle avait appelé ma grand-mère Juliette pour qu'elle vienne nous récupérer dès que possible. Partie sur les lieux de l'accident, elle avait croisé, en route, le camion de pompiers qui roulait lentement. Mauvais présage. S'il y avait eu des blessés, ils se seraient déplacés à vive allure et auraient actionné la sirène. Avant même de gagner les lieux du drame, ma mère avait eu l'intuition que l'irréparable s'était produit.

Pour ma sœur et moi, l'attente interminable avait commencé dès que nous nous étions retrouvés chez ma grand-mère maternelle. Nous regardions le téléphone qui restait silencieux. Nous redoutions le coup de fil qui annoncerait la mauvaise nouvelle.

Je n'ai appris que bien plus tard le déroulement des événements. Mon grand-père, probablement ébloui par le soleil, n'avait pas accordé la priorité à une voiture déboulant sur sa droite. Elle avait percuté la sienne de plein fouet côté passager, là où se trouvait ma grand-mère Marguerite. Les pompiers intervenaient à deux pas de l'accident sur un feu de cheminée. Ils étaient arrivés sur place immédiatement. Ils n'avaient rien pu faire. Ma grand-mère était morte sur le coup. Elle avait 66 ans. Depuis, un feu a été installé à proximité de ce carrefour.

Je n'avais pas été témoin de l'accident, mais mon imagination d'enfant s'était aussitôt mise à travailler pour me représenter la scène. Je voyais la voiture de mes grands-parents complètement abîmée, comme dans un film que j'avais vu à la télévision. J'entendais la voix haletante du voisin qui répétait sans cesse : « C'est très grave, très grave », et ce bruit de sonnette, comme si ces deux sons s'étaient à jamais enregistrés dans ma mémoire comme sur un disque dur.

4

« SMOKE ON THE WATER » DEEP PURPLE

22

Lorsque mon ancien professeur de guitare débarque à la caserne avec sa famille, je ne m'attends pas à pareil geste de leur part. Avec sa femme et ses deux enfants, il nous apporte de grands paniers remplis de confiseries et gâteaux. Ils tiennent à nous remercier. Dix jours plus tôt, un incendie a ravagé leur maison dans le bourg de Volesvres, juste à côté de Paray-le-Monial. Nous étions intervenus dans des conditions climatiques très difficiles. C'était l'une de ces journées d'hiver où aucun nuage ne trouble le ciel bleu. Ils avaient tous été dégagés par le vent sibérien, qui soufflait avec force sur la région. Le moindre incendie pouvait rapidement prendre des proportions catastrophiques, tant le blizzard était déchaîné.

Mon bip a retenti pendant ma pause déjeuner. J'ai pris la Clio et je me suis rendu directement à l'adresse indiquée sur le ticket, sans passer par la caserne. À mon arrivée, j'ai retrouvé le camion de pompiers de Paray. Le feu avait pris dans les combles d'une maison récemment rénovée.

À l'intérieur, le couple de propriétaires et un voisin tentaient de l'éteindre avec ce qu'ils avaient sous la main. Ils montaient tour à tour au grenier avec des seaux d'eau pour les jeter sur les flammes. C'était peine perdue. Un incendie sous une toiture se propage très vite, surtout lorsqu'il est alimenté par un vent violent. Il ne peut être contenu avec des moyens aussi dérisoires ni même avec des ressources plus importantes comme les nôtres.

Sur place, nous avons d'abord demandé aux propriétaires et à leur voisin de sortir de la maison pour que nous puissions intervenir avec nos lances à incendie. Ce n'est qu'à ce moment-là que j'ai reconnu mon professeur de guitare. Celui qui m'avait appris les premiers accords. J'ignorais qu'il avait déménagé.

Malgré nos moyens à disposition, nous ne parvenions pas à stopper l'incendie. Le vent continuait de souffler de plus belle. Les flammes progressaient dans les combles. Il fallait se rendre à l'évidence : l'incendie allait tout emporter avec lui. Mon ancien professeur s'est alors approché de moi et m'a parlé de son matériel musical, de ses guitares. Elles avaient une énorme valeur sentimentale pour lui. Et nous sommes entrés dans la maison en feu pour sauver ce qui était possible. Nous avons sauvegardé des biens auxquels ils tenaient. Ses guitares ont échappé aux flammes.

À la caserne, dix jours plus tard, les bras chargés de gourmandises, il vient vers nous : « Nous voulions vous dire merci pour votre écoute, pour votre empathie et pour votre professionnalisme », nous assure-t-il, très ému.

Lorsqu'il me donnait des cours, mon professeur ne s'attendait certainement pas à ce qu'un jour je débarque chez lui pour sortir ses instruments du feu. Je savais l'importance qu'il leur accordait.

Avec mes collègues, j'avais calculé les risques. L'opération était réalisable. Nous sommes retournés dans la maison pour en extraire les guitares, comme il nous est parfois arrivé de sauver un chat ou un chien. Je me souviens d'un incendie où nous sommes allés récupérer le doudou d'un petit enfant qui, le serrant dans ses bras, a pu trouver facilement le sommeil malgré le drame dont il avait été le témoin.

C'est pour des moments comme ceux-là que j'aime autant mon métier.

23

Mon baptême du feu, le vrai, pas l'accident sur la RCEA, je l'ai vécu à près de 400 kilomètres de Paray-le-Monial. J'étais étudiant à Colmar.

C'est encore l'appel des sirènes qui m'avait attiré en Alsace après le bac. Je m'étais fixé une seule condition pour le choix de mes études : le mot « pompier » devait apparaître dans l'énoncé de la formation. Cette exigence réduisait considérablement l'éventail des possibilités. J'avais envisagé un engagement au sein des pompiers de Paris qui, eux, sont des militaires. J'ai finalement opté pour la fac de Colmar. Elle était l'une des seules à offrir une formation en hygiène, sécurité et environnement, qui débouchait sur un diplôme universitaire technologique (DUT) susceptible de m'ouvrir la voie au concours de lieutenant. C'est ainsi que j'ai coché la case « pompier » dans mon Parcoursup particulier.

À la rentrée, je me séparais pour la première fois de mes parents pour suivre la voie tracée par ma vocation. Ils étaient venus m'installer dans mon petit studio. À leur départ, j'ai eu un gros coup de cafard. Je me retrouvais seul dans une ville que je ne connaissais pas, à proximité du Rhin qui coule en direction de la mer du Nord, si loin de la Loire qui file vers l'Atlantique.

Je ne suis pas resté longtemps seul. J'ai retrouvé rapidement ma deuxième famille, celle des sapeurs-pompiers. Je me suis engagé comme volontaire à la caserne flambant neuve de Colmar. Je l'étais déjà à Paray-le-Monial le week-end et pendant les vacances. Lorsque je rentrais chez mes parents, j'enclenchais mon bip du service départemental d'incendie et de secours de Saône-et-Loire. Le reste du temps, je gardais en poche celui du Haut-Rhin.

Mes amis ne comprenaient pas forcément cet engagement. « Ce n'est pas une vie », me reprochaient-ils. « C'est une vie de pompier volontaire », leur répondais-je, du tac au tac. Un double engagement entre service de secours et vie professionnelle, auquel s'ajoutaient les études.

J'ignorais pratiquement tout de l'Alsace. Si j'avais choisi Colmar, ce n'était pas pour la beauté de ses maisons à colombages qui baignent dans les bras de la Lauch, pas plus que pour son adorable marché de Noël, ses choucroutes ou ses tartes flambées. C'était avant tout pour son université et sa caserne. Point.

Il n'empêche qu'il s'est passé quelque chose là-bas pendant les deux années que j'y ai passées. J'ai eu un véritable coup de cœur pour l'Alsace. J'ai adoré le contact avec les habitants, leur authenticité. Je garde un souvenir exceptionnel de ses paysages. J'aimais me balader dans le vignoble ou gravir les Vosges pour me promener au milieu des sapins, contempler la plaine de l'Alsace qui s'étendait à mes pieds, observer les montagnes de la Forêt-Noire sur l'autre rive du Rhin et parfois, au loin, m'émerveiller en découvrant les sommets enneigés des Alpes qui apparaissaient certains jours comme par enchantement à l'horizon. J'avais le sentiment de découvrir de grands espaces. J'éprouvais, pour la première fois, un énorme sentiment d'indépendance.

À 19 ans, avec mes parents à des centaines de kilomètres, j'ai profité de cette liberté que m'offrait l'Alsace. J'en ai même un peu abusé. Tous les verrous avaient sauté. Je me retrouvais en complète autonomie, dans une région toujours en mouvement. Lorsque je n'étais pas d'astreinte, il y avait toujours une bonne raison de sortir avec d'autres étudiants, d'aller prendre un verre au bar Le Chat noir. Je découvrais la vie urbaine. C'était la fête ! Du moins, jusqu'aux premiers partiels. Je me suis aperçu que le train était parti sans moi et que si je n'augmentais pas la cadence, je ne serais pas en mesure de le rattraper.

À l'université, je m'étais rendu compte que je n'avais pas pris la bonne voie au lycée. Une erreur d'aiguillage, dont on prend connaissance quand on se retrouve face à un professeur qui s'exprime dans un langage qu'on est le seul à ne pas comprendre mais que les autres étudiants donnent l'impression de maîtriser. J'aurais dû faire un bac S. C'était évident. Mais je ne pouvais plus faire machine arrière. Soit je décrochais, soit je rattrapais un niveau scientifique que je n'avais pas acquis pour rester dans le bon wagon. Pendant la première année, j'ai galéré. L'enseignement était très généraliste, ce qui ne m'a pas aidé. D'autant qu'en dehors des cours, je participais à des interventions. Cette vie-là était vraiment palpitante, contrairement à celle que je menais à l'université. Elle correspondait à ce que je souhaitais devenir. Et il n'est pas facile de passer de la pratique à la théorie enseignée à l'université. Heureusement, j'ai vite compris que les cours, si théoriques et si rébarbatifs fussent-ils, étaient un passage obligé pour moi.

Après une première année à courir derrière le train, j'ai commencé la seconde confortablement installé dans le bon wagon. Les cours concernaient beaucoup plus la protection de la personne, un sujet avec lequel je me sentais nettement plus à l'aise.

24

À Colmar, il y avait donc l'université, mais aussi la vie au centre de secours. Je ne pouvais rêver mieux pour compléter ma formation. Je m'intégrais dans un environnement urbain, différent de celui de Paray. Colmar compte un peu moins de 70 000 habitants, le double de Mâcon. Les interventions y étaient différentes de celles de Paray. Il y avait moins d'accidents de la route – même si le trafic était toujours dense, en particulier sur la nationale qui menait à Belfort –, mais les incendies étaient plus fréquents. Pour la formation d'un jeune pompier, combattre le feu, c'est indispensable.

Et puis est arrivé le jour J. Le ticket a confirmé qu'il s'agissait bien de l'incendie « attendu ». Nous sommes partis dans le centre historique de la ville. Le feu avait pris dans un appartement d'une maison à colombages. Notre rôle était avant tout d'empêcher qu'il ne s'étende à tout le quartier. Le danger était d'autant plus sérieux que les bâtiments du centre-ville sont construits en bois, avec des maisons adossées les unes aux autres. Une architecture qui a certes son charme, mais qui a compliqué notre travail.

Nous avons rapidement circonscrit le feu grâce à nos lances. Les flammes avaient ravagé l'appartement du dessus, mais l'objectif était atteint : ses habitants étaient sains et saufs, et l'incendie ne s'était pas propagé dans tout le quartier.

J'ai aussi bénéficié de la rigueur de la caserne. Elle m'a fait le plus grand bien. À cet âge-là, j'avais besoin de discipline. Mon séjour en Alsace s'est donc avéré enrichissant sur le plan professionnel et humain. Un jour, j'y retournerai peut-être. Je n'écarte pas l'idée de m'y installer pour y travailler à nouveau comme pompier, pour y vivre avec ma famille, tant j'en garde un bon souvenir.

Après Colmar, je me suis égaré pendant deux ans à la fac de Montpellier pour ma troisième année de licence. Le chant des sirènes me parvenait brouillé. Il m'était inaudible. Il a fallu que je retrouve la bonne fréquence. Lorsque j'y suis arrivé, je me suis retrouvé à Vesoul, loin des tentations de Montpellier et plus près aussi de Colmar où j'avais commencé mon parcours. C'est dans cette ville de Haute-Saône, dont Jacques Brel n'a pas vraiment fait la promotion, que je me suis dit, comme lui, que je n'irais pas plus loin pour retrouver ma voie. C'est là que j'ai compris que c'était moi qui décidais de mon avenir, que je ne pourrais pas passer le reste de ma vie à profiter du soleil sur une plage méditerranéenne. Je suis devenu « acteur de ma réussite », comme l'a souligné ma mère. Je me suis repris en main. J'ai renoué avec le plaisir d'étudier. Au terme de l'année, j'avais ma licence. Une année plus tard, en 2008, je réussissais mon concours de pompier professionnel.

25

Séverine pratique son activité sportive le long du canal en dehors de son service. Elle est pompier volontaire à la caserne de Paray et se fait un devoir d'être au meilleur de sa forme. Tout semble ordinaire, une journée comme les autres. Si ce n'est l'attitude d'un jeune homme un peu plus loin sur le canal. Il attire son attention. Séverine a une mauvaise intuition. Son comportement l'inquiète. Il ne bouge pas, a le regard plongé dans le canal. Elle le surveille tout en poursuivant ses exercices d'assouplissement.

Soudain, ce que redoute Séverine se produit : le jeune homme se jette dans les eaux glacées. Elle n'écoute que son courage et se précipite vers lui. Son bip n'a pas sonné. Elle n'est pas officiellement en mission. Mais il y a une vie à protéger. Grâce à un témoin qui lui prête main-forte, elle parvient à empêcher le malheureux de couler en le maintenant hors de l'eau jusqu'à l'arrivée des secours. Il a la vie sauve.

À son retour à la caserne, nous la félicitons tous pour son geste. Elle a été héroïque, n'ayons pas peur des mots.

Séverine a 34 ans, sept années de pompier volontaire derrière elle. Son sauvetage lui vaut une citation à l'ordre du corps départemental. Lorsque je lui annonce cette bonne nouvelle, je me sens fier de ma caserne, de mes pompiers.

Si curieux que cela puisse paraître, un air me revient à l'esprit en évoquant cette scène de tentative de suicide, heureusement avortée par Séverine. Il s'agit d'un titre de Jean-Jacques Goldman que j'écoutais enfant avec mes parents. « Né en 17 à Leidenstadt », une chanson dans laquelle l'auteur se demande ce qu'il aurait fait pendant la Seconde Guerre mondiale s'il était né « sur les ruines d'un champ de bataille » de la Grande Guerre. « Aurais-je été meilleur ou pire que ces gens, si j'avais été allemand ? »

Elle n'a *a priori* strictement rien à voir avec le jeune homme qui s'est jeté dans le canal à Paray-le-Monial bien des décennies plus tard. Et pourtant, c'est cette belle mélodie que j'ai en tête, comme souvent après un suicide. Depuis cette intervention, alors que j'occupais mon premier poste de pompier professionnel à Digoin, elle hante mon esprit.

À Digoin, je retrouvais mes terres après mes études. Cette ville se trouve sur la rive droite de la Loire. C'est la dernière localité sur la RCEA de notre département avant la traversée du fleuve et l'Auvergne. Une quinzaine de kilomètres à peine la séparent de Paray, juste assez pour attiser une saine rivalité entre nous. Les pompiers de Digoin aiment bien nous chambrer, nous les Parodiens – les habitants de Paray. Pour les pompiers de Digoin, comme Damien dont j'ai croisé le chemin pour la première fois à ce moment-là, j'étais le Parodien qui venait en espionnage. Aujourd'hui, c'est lui l'infiltré chez nous. Il organise d'ailleurs des matchs de football entre les pompiers des deux casernes. Il évite des affrontements directs entre les deux villes et préfère mélanger les joueurs pour éviter des étincelles. Un réflexe de pompier, sans doute.

La caserne de Digoin était intimidante pour une jeune recrue comme moi. Elle était chargée d'histoire, avec un enracinement très fort. Une photo rappelait la visite du général de Gaulle qui s'était rendu sur place pour y rencontrer l'une des premières sections françaises de « pupilles », les jeunes sapeurs-pompiers de l'époque.

Le chef de centre était Roland Perrette. À mes yeux, il s'est vite inscrit comme mentor avec Mickaël Lecoq. Lorsque vous débutez dans n'importe quel métier, vous avez besoin d'une personne plus expérimentée qui guide vos premiers pas, qui vous rassure lorsque vous êtes en proie aux doutes, qui vous motive pour vous aider à vous surpasser. Mickaël et Roland ont joué ce rôle pour moi. Ils m'ont poussé à me présenter au concours de lieutenant. Plus tard, c'est Serge Victor qui m'aidera à devenir l'officier que je voulais être. Je leur en serai toujours reconnaissant.

Pour ce premier poste, j'avais un appartement de fonction à la caserne. C'était bien commode pour un jeune pompier qui se lançait dans la vie professionnelle. Je sautais du lit et je partais en intervention avec les collègues. Ces appartements ont été supprimés depuis. À Paray, nous les avons transformés en salles de réunion, en local pour nos jeunes sapeurs-pompiers et en chambre de repos pour le pompier de garde. Désormais, la caserne est déserte à partir de 19 heures, et tout le monde rentre chez soi. Si le bip sonne, c'est retour à la case départ : la caserne.

De ma période à Digoin, je me souviens encore de la chanson de Goldman et du matin où le ticket est tombé pour un SAP. J'avais pris la garde à 7 heures. Une minute plus tard, nous partions en ambulance pour une personne qui s'était pendue. À notre arrivée à son domicile, sa femme était en pleurs. Elle nous a donné le peu d'informations dont elle disposait. Son mari s'était levé vers 4 heures du matin sous prétexte d'aller bricoler dans le garage. À son réveil, elle l'avait retrouvé pendu. Elle nous avait immédiatement appelés au secours.

Lorsque nous sommes entrés dans le garage, la radio était allumée. Je me souviens d'avoir immédiatement reconnu la chanson de Goldman. Sur les lieux d'un drame, nous ne sommes pas complètement imperméables à l'environnement qui nous entoure. La plupart des gens pensent que nous sommes exclusivement concentrés sur notre mission. Pourtant, ce qui peut paraître un détail, comme ce poste de radio allumé, ne m'a pas échappé. Je connaissais les paroles par cœur : « On ne saura jamais ce qu'on a vraiment dans nos ventres. » C'est à ce moment précis que je me suis retourné et que j'ai découvert, face à moi, l'homme pendu. Depuis ce jour-là, chaque fois que j'entends cette chanson, la vision de ce corps inerte, suspendu dans un garage, me revient à l'esprit.

26

Baptiste est un ami qui a la réputation d'être une sorte de Gaston Lagaffe, qui se fait mal toujours un peu bêtement. Rien de bien grave d'habitude, juste de quoi nous faire bien rire, histoire de le charrier pendant quelques jours. Lorsque le ticket tombe pour lui porter secours, je prépare une de ces blagues dont nous sommes coutumiers avec lui, pour détendre l'atmosphère, le rassurer, se moquer un peu. Autant dire que je la garde pour moi lorsque je le retrouve. Il a été victime d'un arrêt cardiaque chez le médecin. À 37 ans, il respire la santé, du moins jusqu'à son choc allergique. Il a eu de la chance de se trouver entre de bonnes mains. Le médecin est parvenu à le réanimer. Une fois qu'il a été stabilisé par le médecin du SMUR, venu en renfort, mon équipe l'a conduit à l'hôpital.

Parfois, la proximité nous réserve bien des surprises… Alors que j'étais pompier à Digoin et que j'emmenais une personne à l'hôpital de Paray après une intervention, j'ai jeté un coup d'œil furtif autour de moi. Sur un autre brancard, j'ai reconnu mon père. Il venait d'être victime d'un infarctus. Comme pompier, on ne sait jamais à quoi s'attendre lorsque nous partons en opération, mais je ne m'imaginais pas qu'un jour je me retrouverais par hasard face à mon père dans un couloir d'hôpital. J'ai alors oublié mon uniforme de pompier et j'ai accouru auprès du médecin pour prendre de ses nouvelles. Des infarctus ou des AVC, nous en traitons presque tous les jours. À force, nous avons inconsciemment établi des statistiques personnelles. Nous savons quelles sont les chances de survie. Dans le cas de mon père, il s'en est sorti sans séquelles. Ce jour-là, comme tous les autres Français, j'ai pu compter sur notre système de santé, sur ces médecins et infirmières qui ont soigné mon père.

Il n'y a pas plus difficile que d'intervenir pour un proche. Enfin, si, il y a une épreuve beaucoup plus cruelle encore : ne pas parvenir à sauver un ami comme j'en ai fait la douloureuse expérience à Digoin. C'était en janvier 2011. J'avais 28 ans.

Intervenant dans la région qui m'a vu naître, je cours le risque de me retrouver à un moment ou à un autre face à une victime que je connais. Une personne que je croise au marché, le parent d'un ami ou, dans certains cas, des amis eux-mêmes. D'ailleurs, nous ne nous rendons pas à telle ou telle adresse lorsque nous partons en mission. Nous n'avons souvent besoin ni du nom de la rue ni du numéro. Nous allons chez le père Dury, la mère Simone. Le pompier volontaire intervient, par définition, sur des accidents qui se produisent à proximité de son domicile, et nous en sommes conscients dès le premier jour. Mais lorsqu'on tombe sur un ami d'enfance, on découvre ce que l'on a dans le ventre.

Des années plus tard, il m'est toujours aussi éprouvant de me plonger dans les souvenirs. Je le répète : nous ne sommes pas des surhommes, encore moins des machines. Derrière nos uniformes et nos casques, il y a un cœur qui bat, parfois même très fort, comme ce matin-là, au domicile de mon ami.

Il m'avait rendu visite la veille, dans mon appartement de fonction à la caserne. À ce moment-là, je venais de réussir mon concours de lieutenant et j'étais à la recherche d'un poste d'officier. Il était venu me donner un coup de main pour en trouver un. Ancien pompier sur Paris, il avait de nombreux contacts. Il me les avait transmis. Ce n'est que le lendemain matin que je me suis rendu compte qu'il n'était pas passé me voir uniquement pour m'aider. Il était venu me faire ses adieux.

C'est vrai, je n'ai rien pu faire pour lui le lendemain lorsque j'ai accouru à son domicile. Dans une caserne comme celle de Digoin, les choses se savent rapidement. Il y a beaucoup de proximité avec les familles des pompiers, avec les habitants aussi qui n'hésitent pas à venir nous parler de leurs tracas. Nous avions été informés dès le matin que mon ami n'allait pas bien du tout, mais nous étions loin de nous imaginer qu'il pourrait faire un geste pareil. Puis son épouse a appelé. Nous nous sommes précipités sur le premier véhicule adapté pour ce genre d'intervention. C'était une ambulance. « Aïe, ça sent la merde », me suis-je dit.

Pendant que nous foncions dans les rues de Digoin, j'avais effectivement le sentiment que l'affaire était bien mal emmanchée. C'était un mélange de mauvais pressentiment et de colère. Son épouse nous avait prévenus qu'elle l'avait retrouvé pendu. Dans ces cas-là, nous savons très bien que nous en ramenons très peu. Sur le chemin de sa maison, j'ai reconstitué dans ma tête sa visite de la veille pour y déceler un indice qui m'aurait permis de comprendre qu'il était sur le point de commettre ce geste fatal.

Une fois chez lui, j'ai pris un gros bol d'air. Et puis, le professionnalisme a repris le dessus. C'est dans des moments extrêmes, comme celui du suicide d'un ami, que l'on se rend compte à quel point il coule dans les veines. Le cerveau ne répond plus, mais les gestes demeurent intacts. Dans ce cas précis, je pourrais dire qu'ils étaient bel et bien machinaux, et Dieu sait si je refuse de comparer notre fonction à celle d'un robot. C'est le résultat de notre entraînement, de notre préparation. Même si l'on ne parvient plus à réfléchir, nous effectuons toujours les gestes d'urgence, presque machinalement, avec automatisme. Quant à l'émotion, c'est autre chose.

Nous sommes parvenus à le réanimer. Ses lésions étaient toutefois irréversibles. Il est décédé une semaine après à l'hôpital. Aujourd'hui encore, Éric me manque terriblement, pour les moments les plus joyeux comme pour les plus difficiles.

Quelques mois plus tard, je suis intervenu sur une autre pendaison. Même situation, mêmes soins, mais cette fois-ci, nous avons réussi à « récupérer » cet homme, comme on dit lors de nos débriefings à la caserne. Il m'est arrivé de le croiser par la suite dans la rue à Digoin. J'étais heureux de constater que, pour lui, nous avions honoré notre mission. Nous l'avions ramené à la vie et elle avait repris son cours.

5

« BROTHERS IN ARMS »
DIRE STRAITS

27

Le jour de la première échographie, le gynécologue nous réserve une belle surprise. Notre bébé fait d'abord son apparition à l'écran. C'est un tout petit fœtus de trois mois. Un moment de bonheur, d'émotion, de fierté aussi, et qui atteint son paroxysme lorsque le médecin, sans prévenir, appuie sur un bouton pour ajouter le son à l'image. Soudain, nous entendons les battements de son cœur. Nous nous cherchons immédiatement du regard, Fanny et moi. Nous avons les larmes aux yeux. Un cœur qui bat signifie une vie. Nous ne le savons que trop bien dans nos professions respectives. À l'hôpital ou sur un accident, un de nos premiers réflexes est de prendre le pouls des personnes. Nous appelons cette opération le « bilan ». S'il bat, il y a une vie, à sauver ou à soigner. Nous avons si souvent cherché les battements de cœur chez les autres qu'écouter celui de notre propre bébé nous procure une joie phénoménale. Fanny porte la vie, nous en sommes sûrs, désormais. Et c'est nous qui l'avons donnée.

Nous étions rentrés quelques jours plus tôt du concert d'Iron Maiden à Paris. J'avais acheté un magnifique body à l'effigie du groupe pour le bébé, qu'il porterait fièrement six mois plus tard.

Je suis fier, comme je ne l'avais plus été depuis que j'avais défilé sur les Champs-Élysées le 14 Juillet avec l'école d'officiers d'Aix-en-Provence.

En 2010 alors que j'étais à Digoin, j'avais réussi mon concours de lieutenant. Mon chef Roland Perrette m'y avait encouragé. Il avait énormément confiance en moi. Hélas, il est décédé le jour même où je passais l'épreuve écrite. J'en étais meurtri. Je lui serai éternellement reconnaissant pour le rôle qu'il a joué dans ma carrière de pompier.

Lorsque j'ai appris que j'avais réussi le concours, je suivais une formation de trois mois au centre de formation départementale. Les relations avec mes collègues ont aussitôt changé. Ils se sont mis à me tester sur tous les plans, sur la technique, mais aussi sur le mental, dans un esprit de bonne et franche camaraderie. Comme j'étais susceptible de devenir leur chef quelques mois plus tard, j'ai subi plusieurs épreuves. En cours, j'avais l'impératif d'être aussi bon que les autres, sinon meilleur. En dehors, on attachait les lacets de mes chaussures entre eux pour me faire trébucher au réveil. C'était comme si mes collègues cherchaient à obtenir la photo, la vidéo ou tout bonnement la petite anecdote qui leur permettrait de fragiliser ma crédibilité, ma légitimité et finalement ma capacité à commander. Et lorsque nous sortions ensemble dans les bars de Mâcon, ils essayaient de me faire boire un maximum pour me coucher. Ils n'y sont pas parvenus : je ne suis pas un grand buveur.

Il y a toutefois eu un hic, qui n'était pas dû à une soirée trop arrosée, mais à l'attente d'une réforme politique de notre système. Nous étions en 2010, en pleine crise économique et financière. L'État cherchait à faire des économies pour équilibrer son budget. Comme tant d'autres, nous avons eu droit à notre période d'incertitude quant à nos finances : en premier lieu, ce sont les postes d'officiers et de pompiers professionnels qui en ont pâti. Si ce souvenir est plutôt douloureux pour moi, il me donne l'occasion de rappeler que, même si nous portons l'uniforme, nous sommes des fonctionnaires, contrairement aux pompiers de Paris qui, eux, sont des militaires.

Cette chute des recrutements ne pouvait tomber à un moment plus délicat. Mon concours n'était valable que trois ans. Passé ce délai, si je ne trouvais pas un poste de lieutenant, je serais contraint de tout recommencer à zéro. C'était pour m'aider à en décrocher un que mon ami était venu me donner des contacts la veille de sa mort à Digoin.

Mon chef de centre, Serge, qui a succédé à Roland, m'a également beaucoup soutenu. Avec lui, j'ai gagné en maturité professionnelle. Il m'a aidé à trouver mes marques.

Pendant cette période d'attente, j'ai fait un important travail d'introspection. J'ai compris que si je n'avais pas de poste lors des entretiens, c'était que mon profil ne correspondait pas nécessairement à celui que recherchaient les recruteurs. Il fallait que je progresse sur mes connaissances, sur ma posture et surtout sur l'image que je renvoyais. J'avais deux options. Soit je me renfermais sur moi-même, en criant à l'injustice ou en reprochant aux recruteurs d'avoir tort. Soit je me remettais en question. J'ai choisi la plus difficile. « Et moi, dans tout ça ? Est-ce que je suis déjà lieutenant ? Est-ce que je raisonne comme un cadre dans ma tête, dans mes pratiques, dans mes postures et positions ? Est-ce que j'incarne l'officier que je veux être ? »

Depuis, cette philosophie me suit dans mon quotidien. Devant l'adversité ou quand les choses ne fonctionnent pas comme on le souhaiterait, on peut lutter, s'offusquer, chercher des coupables, ou alors on peut s'interroger sur notre propre part de responsabilité. Ce questionnement intérieur est souvent redoutable. Il vous sort de votre zone de confort, vous pousse dans vos retranchements, vous offre l'opportunité d'explorer ce qu'il y a réellement en vous. Et finalement, on apprend que c'est dans l'inconfort qu'on se développe. On ne naît pas cadre, chef, responsable, peu importe le titre, on le devient. Et puis, j'ai décroché la timbale en février 2013. J'ai été nommé en anticipation d'un départ à la retraite. Il était moins une. Je pouvais préparer à nouveau mes valises. Je partais une année à Aix-en-Provence. L'École nationale supérieure des officiers de sapeurs-pompiers m'ouvrait ses portes. J'avais 30 ans.

28

À Aix, le rêve est devenu réalité. Lorsque je suis arrivé le premier jour à l'école, j'ai pris conscience que j'avais atteint une grande partie des objectifs pour lesquels j'avais tant travaillé depuis que j'étais gamin. J'ai frissonné en franchissant la porte d'entrée. « Ça y est, j'y suis », ai-je murmuré en retrouvant la devise « Cultiver le passé, enfanter l'avenir, tel est notre présent », inscrite sur le mur d'enceinte du carré de cérémonie. À ce moment-là, j'ai compris que ce passage à Aix allait me grandir. L'objectif n'était plus d'avoir des galons. Il s'agissait désormais de les mettre en pratique et de les assumer.

Cette année passée à Aix, je la résumerais en un seul mot : ouverture. Dans l'imagerie populaire, le mot « caserne » fait souvent penser à un enfermement, à une vie en vase clos, militaire et martiale, qui se perpétue d'une génération à l'autre avec une même formation et une hiérarchie inchangée. Au risque de vous surprendre, mon séjour d'une année à Aix-en-Provence a eu exactement l'effet contraire. Jusqu'alors, je vivais probablement dans un monde cloisonné, dans mon petit coin de Bourgogne, à regarder défiler le monde sur la RCEA. Mes séjours à Colmar, Montpellier et Vesoul m'avaient déjà ouvert à d'autres univers. Mais c'est véritablement à Aix que j'ai abattu toutes les cloisons. J'en suis sorti métamorphosé, enrichi par ce que j'avais appris et par tous les échanges avec mes collègues.

Il y a d'abord eu l'ouverture aux autres. Au contact de tous mes collègues arrivés des quatre coins de la France avec leurs caractères, leurs formations et leur diversité culturelle, religieuse, humaine. Nous étions une promotion de 38 lieutenants. Nous sortions nous promener dans les rues étroites de la ville. Nous partions faire de l'escalade du côté de Martigues. Nous grimpions sur les rochers et partagions ensuite le spectacle merveilleux d'un coucher de soleil. Tous ces moments passés ensemble renforçaient notre cohésion, l'esprit de corps, le sentiment d'appartenance. Il nous arrivait d'organiser ce que nous appelions des « apéros-terroir » au retour d'un week-end sur nos terres. Nous apportions tous un produit de notre région, bien de chez nous, pour le faire découvrir aux autres. Le Breton débarquait avec du cidre, le Corse avec du saucisson, le Franc-Comtois avec un savoureux comté. Et moi, en tant que Bourguignon, j'offrais des bouteilles de viré-clessé ou de saint-véran pour faire découvrir les appellations de mon coin de pays. Une richesse et une diversité gastronomiques qui nous rassemblaient, nous ressemblaient et nourrissaient notre fierté d'être français.

Il y avait aussi l'ouverture sur notre nouvelle fonction, celle de lieutenant. Désormais, notre mission ne consistait plus seulement à secourir, lutter contre l'incendie, protéger l'environnement. Nous n'étions plus les mains qui agissent, qui soignent, traitent. Nous devions apprendre à encadrer et à diriger des femmes et des hommes pour y parvenir. Nous passions définitivement de l'univers du pompier dans le fourgon incendie ou d'ambulance, celui dont nous rêvions quand nous étions enfants, au commandement d'une opération de secours.

À Aix, nous apprenions à gérer les recrues et toutes les générations de pompiers d'une caserne. Pour nous aider dans cette mission, les formateurs et intervenants nous avaient fait découvrir un texte qui n'avait pas pris une ride depuis sa publication en 1891 dans la *Revue des deux mondes*. Il passait d'une promotion à l'autre, nous rappelait le sens de notre métier, et nous mettait face à nos responsabilités et nos devoirs. Intitulé « Le rôle social de l'officier », il avait été écrit par le maréchal Hubert Lyautey, un militaire de carrière qui avait remarquablement défini ce que l'État attendait de nous. Le texte est court, il fait quelques dizaines de pages. Je me souviens de l'avoir lu d'une traite, soulignant frénétiquement pratiquement toutes les phrases. Il aurait pu être publié de nos jours, tant il est d'actualité. Je n'avais pas d'iPhone à l'époque pour toutes les recopier, mais j'en ai mémorisé quelques-unes par la suite. J'ai retrouvé celle-ci qui figure parmi les citations les plus éclairantes : « Aux officiers qu'on y appelle, qu'il soit demandé avant tout d'être des convaincus et des persuasifs. Osons dire le mot, des apôtres doués au plus haut point de la faculté d'allumer le "feu sacré" dans les jeunes âmes, ces âmes de 20 ans prêtes pour les impressions profondes qu'une étincelle peut enflammer pour la vie, mais qu'aussi le scepticisme des premiers chefs rencontrés peut refroidir à jamais. » Dans cet extrait, Hubert Lyautey définit en quelques phrases le rôle qui m'attendait à ma sortie de l'école. L'officier tient entre ses mains la vocation de la jeune recrue. Comme tous les pompiers, j'avais choisi ce métier pour éteindre des incendies. Il s'avérait qu'avec mes nouvelles fonctions, je devais désormais transmettre le « feu sacré » chez les jeunes recrues. Lyautey avait aussi fait sienne une autre devise : « La joie de l'âme est dans l'action. » Autant dire que je l'ai adoptée. Il y a un temps où l'on échange et un autre où l'on agit. Et cela vaut aussi pour les pompiers.

29

Pendant mon école d'officiers, j'ai connu ma petite révolution numérique. *A priori*, elle n'a rien à voir avec ma formation, même si en cherchant bien, elle a un lien avec le décloisonnement que j'ai vécu. Mon esprit s'était-il ouvert ? Était-il prêt à rompre avec les habitudes que j'avais jusque-là ? Qui sait ? En tout état de cause, c'est là-bas que je suis devenu un pompier connecté, grâce à mes collègues. Je trouve cela très révélateur de la métamorphose que j'ai connue dans le Sud, de mon ouverture non seulement aux nouvelles technologies, mais aussi à des idées, à une vision du monde et de l'humain à laquelle je n'avais pas été sensible jusqu'alors.

Dès que j'ai découvert Apple, je me suis converti aux nouvelles technologies. Elles nous permettent d'aller plus vite, aussi bien dans l'exercice de notre métier que dans la vie de tous les jours. Nous avons besoin d'immédiateté et de réactivité. C'est notre rôle d'être connectés. Dans le cadre professionnel, nous avons sur nous notre bip, celui qui me fait sauter du lit en pleine nuit ou m'interrompt en plein milieu d'une pizza au restaurant pour partir d'urgence à la caserne. Sur Twitter, je recherche d'éventuelles informations liées au métier, comme des partages d'expériences ou de pratiques, afin de découvrir ce qui marche dans d'autres casernes. Mon entourage me reproche parfois d'être autant connecté. Au centre de secours, Jennifer est parfois bouche bée lorsqu'elle me voit débarquer en trimbalant mes téléphones, ma montre et mon ordinateur portable. Ce n'est pas de l'addiction. Je reste à l'écoute. Je ne tapote pas sur mon portable pendant qu'un collègue se trouve dans mon bureau pour soulever un problème de gestion de la caserne. Si je devais un jour être détourné de mon boulot et de ma famille à cause de mon « hyperconnexion », je sais que les autres pompiers et Fanny me rappelleraient qu'il y a des lignes rouges à ne pas franchir, comme sur la RCEA. Les moments d'inattention, cela ne se paie pas seulement sur la route.

Je voue aussi un culte à Steve Jobs, qui figure parmi mes influences avec Antoine de Saint-Exupéry. Sur mon ordinateur, à la caserne de Paray, j'ai une citation de lui en fond d'écran : « Votre temps est limité. Ne le gâchez pas en menant une existence qui n'est pas la vôtre. Ne soyez pas prisonnier des dogmes qui obligent à vivre en obéissant à la pensée d'autrui. Ne laissez pas le brouhaha extérieur étouffer votre voix intérieure. Ayez le courage de suivre votre cœur et votre intuition. L'un et l'autre savent ce que vous voulez réellement. Le reste est secondaire. » C'est une leçon de vie, même si elle peut surprendre dans le bureau d'un lieutenant, qui fait partie d'une hiérarchie où la désobéissance n'est pas, *a priori*, la qualité la plus appréciée. Mais c'est un appel à être nous-mêmes, à suivre notre cœur et nos intuitions et pas seulement lors d'une intervention.

Ce n'est pas forcément avec les mêmes termes que j'ai appris mon métier d'officier à Aix, mais c'est ainsi que je le conçois. J'ai découvert par la suite que Steve Jobs était bien plus tyrannique dans la gestion de ses collaborateurs qu'il ne le laissait entendre dans ses écrits. Il reste une source d'inspiration, même si je ne peux pas appliquer toutes ses recommandations dans l'exercice de mes fonctions. Il avait *a priori* beaucoup de mal à accepter la réalité lorsqu'elle ne l'arrangeait pas. Je fais exactement le contraire lorsque j'arrive sur un accident. Cette réalité, si cruelle soit-elle, je dois l'accepter. Elle est pratiquement toujours figée, avec des éléments qui sont complètement désordonnés. Notre rôle est de remettre de l'ordre. Dans le cas d'une collision entre deux voitures, il se peut que nous découvrions à notre arrivée une victime qui fait un malaise et une autre en arrêt cardiaque. Nous devons établir des priorités. C'est une équation à plusieurs inconnues. Pour la résoudre, j'ai besoin de mes pompiers pour qu'ils « puissent me dire ce qu'il faut faire », comme l'a écrit Steve Jobs. Notre action est dictée tout d'abord par ce que nous observons en premier lieu. Ensuite, l'intervention est dictée par des ordres, mais aussi par des esprits d'initiatives. Je ne demande pas à mes équipiers d'être des exécutants dépourvus d'intelligence.

Et puis, il y a le contexte. La technique est souvent la même. La stratégie également. Mais le contexte est chaque fois différent, même si l'accident en évoque parfois d'autres sur lesquels nous sommes intervenus. Sur une collision, par exemple, il se peut que les parents d'un enfant accidenté arrivent par hasard sur les lieux et reconnaissent la voiture de leur fils. Dans d'autres cas, ils ont été alertés par les réseaux sociaux, qui propagent les informations à vitesse grande V. Autrefois, les photos d'accidents de la route étaient prises par les journalistes, arrivés sur les lieux après avoir entendu la sirène, et on les découvrait le lendemain dans le journal. Aujourd'hui, en deux clics, l'image se retrouve sur Facebook, Instagram ou d'autres réseaux sociaux. Elle fait le tour du monde en quelques minutes. Nous devons alors gérer cette évolution, nous adapter à cette information qui se propage comme une traînée de poudre. Pour maîtriser à la fois l'accident, les blessés et les réseaux sociaux, les initiatives de mes équipiers sont toujours les bienvenues. Damien aime à rappeler que lorsque nous sommes en intervention, je suis « toujours à l'écoute », comme au bureau. C'est vrai que je prends en compte les idées de manœuvre que me suggèrent mes collègues sur les lieux d'un accident. C'est à ce moment-là que j'attends le plus d'eux, qu'ils aient recours à « l'intelligence » que j'avais décelée chez eux lors de leur embauche. Il y a aussi des situations où le chef n'est pas là pour dire au pompier comment il doit agir. S'il se retrouve seul dans un appartement en feu, qu'il y aperçoit des signes de risque d'explosion, il sera livré à sa propre analyse et à sa capacité d'adaptation.

Parfois, j'aimerais être aussi créatif que Steve Jobs. Puis ça me revient : si j'avais un grain de folie comme lui, je ne serais pas la personne la mieux adaptée pour venir en aide aux autres, commander sur un accident ou gérer le centre de secours.

Dans ce genre de situation, je m'inspire plutôt de Roger Federer, mon autre référence. Je m'efforce de garder mon sang-froid. Je tente de récupérer le contrôle de la partie sans perdre mes moyens. Il y a des moments où Federer m'agace. J'aimerais qu'il s'énerve lorsqu'il est en danger, qu'il jette de rage sa raquette sur le gazon de Wimbledon.

Heureusement, il n'écoute que lui. Il reste calme face à l'adversité et, soudain, il réussit un magnifique revers dont lui seul a le secret et parvient à redresser la situation. Sur une intervention, il convient de garder tout son sang-froid et son sens de l'analyse pour ne pas subir, ne pas perdre le match.

30

Au terme de ma formation à Aix-en-Provence, j'ai vécu un moment aussi magique qu'inoubliable. L'école a fait une sélection dans la promo pour défiler sur les Champs-Élysées. J'ai eu la chance de faire partie des élèves retenus. Je ne me doutais pas que je serais submergé par une telle émotion, quelques mois plus tard, lorsque je me retrouverais aux côtés de mes compagnons sur la plus belle avenue du monde.

Ce 14 juillet 2013, c'est la beauté de l'instant et la fierté qui m'ont fait chanceler, moi, le pompier confronté à bien des drames.

Nous allions nous retrouver devant les yeux de la nation, devant le président de la République et les Français qui nous observeraient depuis les trottoirs ou à la télévision. Tout faux pas était radicalement inenvisageable. Il y a des expressions comme celle-ci que vous utilisez dans le langage courant et dont vous comprenez la véritable portée lorsque vous vous retrouvez à battre le pavé, lors de la fête nationale, sous le regard de millions de personnes. Nous devions être prêts. Pendant les quatre à cinq semaines qui ont précédé le défilé, nous nous sommes entraînés comme si nous allions disputer le marathon de Paris, et nous avons marché des heures et des heures. C'était une véritable épreuve, des heures d'efforts et de sacrifices pour être à la hauteur le jour du défilé.

Le 14 Juillet est arrivé. Mes parents n'ont malheureusement pas pu se déplacer à Paris. Quelques jours plus tôt, mon père s'était blessé en faisant du jardinage. Il souffrait, et il était encore très fatigué après l'infarctus dont il avait été la victime en 2009. Mes parents ont donc suivi le défilé en direct à la télévision avec mon grand-père Georges qui les avait rejoints. Ils étaient très émus ce jour-là, malgré la distance. Mes sœurs Camille et Clarisse, accompagnées de mon beau-frère Matthieu, avaient fait le déplacement. Elles étaient dans le public sur la plus belle avenue du monde, juste à la hauteur du corps de sapeurs-pompiers dont je faisais partie.

Nous étions à quelques pas de l'Arc de triomphe, de la tombe du Soldat inconnu et de sa flamme qui brûle sans cesse en hommage aux « morts pour la France ». J'ai pensé au général de Gaulle descendant cette même avenue pavée après la libération de Paris. J'ai toujours été sensible au poids de l'histoire. Lorsque j'étais étudiant à Colmar, je m'étais rendu dans les Vosges pour visiter un site de la Première Guerre mondiale. Je m'étais promené avec émotion dans les tranchées et dans le cimetière, et j'avais longuement songé aux soldats tombés sur le front. Pour moi, c'était à la fois un devoir de mémoire, pour tous ceux qui étaient morts pour la patrie, et aussi une marque de reconnaissance. Ce que j'avais ressenti était pourtant sans commune mesure avec ce que je vivais intérieurement sur les Champs-Élysées, au garde-à-vous. J'étais un soldat du feu – encore une expression, trop souvent galvaudée, qui prenait là tout son sens. Il y a eu « La Marseillaise », que je n'ai jamais chantée avec autant de ferveur. « Le jour de gloire est arrivé », encore des mots qui résonnaient fort en ce matin ensoleillé. Et puis, il y a eu le président de la République, François Hollande. Il a effectué sa revue des troupes et est passé, là, juste devant nous.

Quelques instants plus tard, j'ai failli m'évanouir. Nous étions positionnés de profil par rapport aux Champs-Élysées pour la revue des troupes du président, face au public et aux immeubles. Lorsque François Hollande a terminé, nous avons effectué un quart de tour à droite. Et j'en ai pris plein la vue. L'avenue s'étendait devant moi, jusqu'à la place de la Concorde et, au-delà de l'obélisque, se trouvaient le jardin des Tuileries et le Louvre. L'horizon était complètement dégagé. À ce moment-là, la patrouille de France a survolé les Champs-Élysées en faisant rugir les réacteurs des avions et en laissant traîner derrière elle les couleurs bleu, blanc, rouge. Le public s'est mis à hurler de joie. Et moi, j'ai failli m'effondrer sous le poids de l'émotion. Il s'en est fallu de peu que je ne connaisse mon premier malaise dans l'exercice de mes fonctions. Il n'y avait pourtant rien de plus radicalement opposé à notre travail de tous les jours que ce 14 Juillet. D'habitude, nous ne savons jamais à quoi ressemblera l'accident avant notre arrivée. Pour le défilé, nous savions exactement ce qui nous attendait. Je pensais qu'il n'y aurait pas de surprise. J'avais tout faux. Je n'avais pas prévu tant d'émotion.

J'ai tangué un court instant, le temps de reprendre mes esprits. Dès que nous avons entamé notre descente des Champs, plus rien ne pouvait m'advenir. J'étais porté par la fierté d'appartenir au corps des sapeurs-pompiers. Avec mes compagnons qui avançaient au même rythme que le mien vers la tribune officielle au pied de l'obélisque, nous interprétions tous la même partition. Personne n'avait plus de valeur qu'un autre. La démonstration que la rigueur individuelle fait la réussite collective. Cela s'appelle l'esprit de corps.

Puis j'ai retrouvé mes deux sœurs et Matthieu. Elles ont accouru pour me féliciter et, comme d'habitude, elles se sont moquées de moi. « Il fait chaud, hein ? » m'ont-elles lancé dès qu'elles m'ont retrouvé. J'étais en nage. Nous nous sommes embrassés. Je ne saurais retranscrire l'émotion que je ressentais. Je frissonnais de bonheur tant elle était forte et intense.

De ce défilé, j'ai conservé le sabre porté pour l'occasion. Un jour, je le sortirai de son étui pour raconter en détail à mon enfant ces moments vécus avec mes compagnons de promotion, lors de la descente des Champs-Élysées.

En attendant, j'espère tout simplement que l'émotion ne me jouera pas un autre tour le jour de l'accouchement. Je n'ai pas ménagé mes efforts pour m'y préparer, avec le même sérieux que pour le 14 Juillet. Pour l'anecdote, je me suis même rendu seul à une séance de préparation, Fanny n'ayant pas pu se libérer ce jour-là. Plutôt que d'annuler, j'y suis allé pour prendre des notes et lui restituer les informations. Imaginez la tête de la sage-femme lorsqu'elle m'a vu débarquer.

« Où est votre compagne ? m'a-t-elle demandé.

– Je dois être le premier mec dans l'histoire de l'hôpital de Paray qui arrive seul à une séance de préparation.

– Dans l'histoire de l'hôpital, je ne saurais pas le dire, mais dans la mienne, je peux vous assurer que c'est vraiment le cas », m'a-t-elle répondu dans un grand éclat de rire.

31

Lors de la deuxième échographie, nous demandons immédiatement au gynécologue de nous faire écouter les battements de cœur du bébé. L'entendre à nouveau nous remplit de joie. C'est comme s'il nous parlait avec son cœur. Nous sommes pratiquement plus réconfortés par ses battements que par le diagnostic positif et très encourageant du médecin. La grossesse se passe au mieux.

Et puis, nous allons enfin découvrir si nous attendons une fille ou un garçon. Le médecin commence à faire tourner l'image du fœtus dans tous les sens. Jusqu'à ce que je n'aie plus le moindre doute. Je grille la politesse au gynécologue.

« Je crois que j'ai vu.

– Ah bon ? répond le médecin. Vous pensez que c'est une fille ou un garçon ? »

Fanny et moi n'avons pas de préférence. Nous voulons un bébé en bonne santé, c'est tout. Pour ma part, j'ai une exigence supplémentaire : celle de récupérer ma compagne en bonne santé après l'accouchement.

Pendant quelques semaines, nous maintenons le mystère, le temps d'en informer nos parents. Nous en jouons avec nos amis, pour leur plus grand désespoir, et pour ma plus grande satisfaction. Ils disposent d'un seul indice. Ils savent que j'ai deviné le sexe de notre enfant lors de l'échographie. Ils veulent que je leur révèle ce que j'ai distingué : « C'est un garçon, sinon tu ne l'aurais pas vu », me disent certains. « Tu as le sourire d'un père qui attend un garçon », m'assurent d'autres. Avec Fanny, nous en rigolons.

De retour à la maison, je me projette aussitôt dans mon futur rôle de papa poule. Je fais un repérage des dangers qui guettent notre enfant. Les prises électriques sont sécurisées depuis longtemps. Un problème en moins. La sonnette retentit. Mes parents nous font une petite visite avec ma sœur Clarisse. J'en profite pour lui rappeler que la piscine de leur nouvelle maison n'est pas sécurisée. Il est indispensable de la protéger pour que le bébé ne tombe pas à l'eau. Il suffit de quelques secondes d'inattention pour qu'un drame se produise. J'en sais quelque chose. « Tu rigoles ? On va le mettre aux bébés nageurs, ton bout de chou ! Et ta terrasse sans balustrade, tu ne la trouves pas plus dangereuse que ma piscine ? » Et *vlan*, me voilà renvoyé dans les cordes. Oui, c'est vrai, je dois terminer les travaux. Je m'engage à poser les rambardes avant que notre enfant fasse ses premiers pas.

J'en profite alors pour faire le tour du propriétaire avec eux. Depuis notre installation dans la maison de mon grand-père Georges, nous l'avons progressivement transformée. Au cours des derniers mois, j'ai retapé la chambre qui accueillera notre enfant, tout en respectant l'esprit du lieu. Au sous-sol, j'ai refait une pièce en conservant précieusement les carreaux de ciment Cérabati posés par mon grand-père. Ils sont « made in Paray », fabriqués dans l'ancienne usine de céramique qui a maintenant fermé ses portes.

Pendant que nous remontons à l'étage, ma mère se souvient d'un événement qui s'est produit une année environ après l'accident de mon grand-père, le soir du réveillon. Elle en a d'ailleurs parlé récemment avec le pédiatre : ils s'étaient souvenus du jour où la famille Comte s'était retrouvée au grand complet à l'hôpital de Paray autour de Clarisse. « Qu'est-ce que je viens faire là-dedans ? » s'interroge ma sœur en prenant place au salon.

Il n'en faut pas plus pour que ma mère remonte le temps avec une belle dose de fierté maternelle, très gênante pour moi, mais aussi un peu honteuse d'avouer à ma sœur Clarisse qu'ils étaient absents ce jour-là.

Un jour de printemps, mes parents étaient allés prêter main-forte à mon oncle pour la préparation de son mariage. Ils nous avaient laissés seuls, les trois enfants, à la maison. Avec Camille, j'assumais le rôle de baby-sitter auprès de Clarisse, qui avait à peine 2 ans et avait commencé à marcher. « On gère », leur avais-je dit. J'avais presque 14 ans.

Mais il y a eu un imprévu, et pas des moindres. Clarisse a soudainement été prise de convulsions. Panique à bord ! Mes parents étaient injoignables. Camille et moi étions livrés à nous-mêmes. Nous nous étions partagé les rôles. Ma sœur s'occupait de Clarisse, tentait d'apaiser sa crise en lui chantant des chansons, en attirant son attention avec l'une de ses poupées. De mon côté, j'avais appelé les secours pour la première fois de ma vie. J'avais composé le 18, qui m'avait mis en relation avec le médecin du SAMU. J'étais resté très calme. Au médecin qui m'écoutait au bout du fil, j'avais fait une description très factuelle, très circonstanciée des convulsions de ma petite sœur. À aucun moment, je n'avais donné l'impression de paniquer, du moins en apparence. Je n'avais pas extériorisé les craintes que je ressentais au plus profond de moi-même. J'étais pourtant inquiet pour ma sœur. En l'absence de mes parents, j'assumais un rôle qui n'était pas naturellement le mien. J'avais expliqué au médecin que Clarisse avait été hospitalisée un an plus tôt, qu'elle en subissait peut-être le contrecoup. « Tu as fait preuve d'un sang-froid exceptionnel », est intervenue ma mère. Elle se souvenait que j'avais même pris le temps de prévenir la voisine en attendant l'arrivée du médecin de famille.

Et puis, j'avais eu la présence d'esprit de prendre l'annuaire pour y rechercher le numéro de téléphone fixe de la salle des fêtes où se trouvaient mes parents. J'étais parvenu à les joindre. Ils étaient rentrés à la vitesse de l'éclair, défiant toutes les règles de sécurité élémentaires. À leur arrivée, la situation était sous contrôle. Les convulsions étaient apaisées.

Dans les couloirs de l'hôpital, le médecin avait confié à mes parents tout le bien qu'il avait pensé de moi. Il n'en revenait pas qu'un ado ait été capable de gérer pareille urgence. Je ne me souviens plus s'il m'avait demandé ce que je voulais devenir lorsque je serais grand. En tout cas, il m'avait indiqué la voie. « Tu devrais faire un métier dans le domaine de l'aide à la personne », m'avait félicité le pédiatre.

Pour la première fois de ma vie, j'étais monté sur scène. J'avais droit aux applaudissements non pas du public, mais des autres acteurs. Ce moment ressemblait à une cérémonie de bienvenue au club. En sortant de l'hôpital, j'étais sur un petit nuage. Les propos du pédiatre me remplissaient de fierté. J'étais conforté dans mon choix.

32

Aujourd'hui, les pompiers de la caserne ne sont pas de bonne humeur. Je dois leur parler pour leur remonter le moral. Il est nécessaire d'échanger avec eux sur leurs inquiétudes, pour trouver du sens à ce qu'ils font. Au terme d'une journée marquée par des interventions mineures, ils ont l'impression de s'être acquittés de missions qui ne sont pas les leurs.

Tout a commencé de bon matin avec un ticket pour un SAP. Ils ont accouru en ambulance au domicile de la personne âgée qui avait composé le 18. À leur arrivée, surprise ! Ce n'était pas l'auteur du coup de fil qui avait besoin de secours, mais son chauffe-eau, tombé en panne pendant la nuit. À son réveil, le vieux monsieur s'était retrouvé sous une douche froide. Complètement désemparé en ce début d'hiver, il avait appelé les pompiers au secours. « Désolé, on ne peut rien faire pour vous. Il vous faut un plombier ! » En composant le 18, il avait lancé, à sa manière, un appel de détresse et ne savait pas où trouver un plombier.

Touchés par son désarroi, les pompiers l'ont aidé à trouver un numéro de téléphone pour qu'il soit dépanné rapidement. Ils n'avaient pas fait le déplacement pour rien.

De retour à la caserne, un nouveau secours tombe : une inondation à domicile. Comme toujours, les pompiers ignorent ce qu'ils vont trouver à leur arrivée. Ils savent qu'il ne s'agit pas d'un cours d'eau qui a débordé ou d'un orage qui se serait acharné sur la région, car il n'a pas plu depuis plusieurs jours. Il ne reste que l'avarie domestique. Cette hypothèse est vite confirmée. Ce n'est pourtant pas une inondation à proprement parler. Il y a à peine deux centimètres d'eau sur le sol de la cuisine. Un coup de serpillière, et l'affaire était réglée. La personne avait pris peur. Elle craignait un court-circuit et avait besoin d'être rassurée. Nous sommes souvent surpris de voir à quel point les gens peuvent se sentir complètement désemparés pour *presque* rien. Toute leur détresse est contenue dans ce mot : *presque*.

Dans l'après-midi, mes pompiers ont vraiment du mal à contenir leur rage. Cette fois-ci, la situation est nettement moins touchante. Il s'agit même d'un abus. Une personne âgée se tient devant la porte, valise à la main. Sa famille se trouve à l'intérieur et nous a appelés pour conduire la grand-mère aux urgences. Ainsi, ils contournent la longue attente aux urgences engorgées, pour que leur mère soit traitée en priorité. Si nous refusons d'intervenir pour ce genre de transport, qui est du ressort des ambulanciers privés, nous en prenons parfois plein les oreilles. « Nous avons droit aux secours », entend-on souvent.

Bien sûr, tout le monde a droit aux secours, au même traitement. Certaines situations ne se justifient pourtant pas, comme celle-ci. Nous ne sommes plus dans le secours à la personne, mais nous comblons les carences des services privés. « Nous ne sommes pas des taxis », rouspète Christian à son retour à la caserne.

Il me montre le tableau des statistiques du centre de secours de Paray. Nous l'avons affiché dans le couloir pour qu'il soit visible de tous les pompiers et des visiteurs. Ce sont les chiffres de nos interventions en 2018. Toute personne de passage au centre se réjouira d'y découvrir une baisse de 4 % des accidents de la route et de 11 % des incendies. Il est toujours réjouissant de constater que la RCEA tue de moins en moins ou que les feux éclatent de moins en moins dans les habitations et les exploitations agricoles, grâce aux campagnes de prévention. Mais deux autres chiffres sont plus surprenants : le bond de 28 % des « secours à la personne » et celui, presque aussi spectaculaire, de la hausse générale de nos interventions de 22 %. Ces statistiques ne reflètent qu'une année d'activité. Sur cinq ans, nos interventions ont quasiment doublé à Paray-le-Monial. Une tendance que nous retrouvons dans pratiquement toutes les casernes françaises. Elle révèle la métamorphose que notre métier est en train de subir. Les pompiers ne sont plus appelés à sauver uniquement des vies. Ils répondent de plus en plus à des appels de détresse de la part de personnes tout simplement dépassées par les événements. Dans la région de Paray-le-Monial, comme dans bien d'autres régions rurales françaises, nous avons une population vieillissante. Ces personnes âgées vivent souvent seules dans leurs maisons ou dans leurs appartements. Pour elles, le 18 est le numéro de dernier recours.

« Lorsque quelqu'un appelle, c'est toujours un appel au secours », a-t-on l'habitude de dire dans le métier. Christian a une autre formule : « Face à la détresse, nous sommes tous égaux. » Quand nous sommes dépassés par un événement, nous appelons tous au secours, que nous soyons chômeurs ou millionnaires, que l'on ait fait des hautes études ou pas. J'ajouterais que la notion de détresse est propre à chaque individu, à chaque contexte. Ce qui peut paraître une situation banale pour l'un – comme l'inondation de la cuisine – peut se révéler effrayante pour un autre qui craint de mourir électrocuté.

À Paray, nous ne sommes pas à plaindre. La ville n'a pas subi comme d'autres la fermeture de son hôpital, de ses écoles ou de sa gare. Je croise les doigts. Le train nous permet de rejoindre Lyon. Une navette nous conduit à la gare TGV du Creusot. Dans les rues du centre-ville, nous avons encore des commerces : des boutiques d'habits pour hommes, une mercerie et des charcuteries, qui subsistent malgré la concurrence d'une importante surface commerciale en bordure de la RCEA. Il y a même un magasin de chaussures comme on n'a plus l'habitude d'en trouver aujourd'hui. La ville est vivante, même si les jeunes disent s'y ennuyer. Il y a toujours du passage, des touristes qui viennent découvrir le Sacré-Cœur et s'émerveiller.

Et pourtant, dans l'exercice de nos fonctions, nous sommes de plus en plus confrontés à la détresse, à l'isolement. Cette souffrance dépasse souvent notre mission, mais peut-être reflète-t-elle l'évolution de la société au cours des vingt dernières années. Les déserts médicaux existent bel et bien. Les médecins de campagne n'ont pas complètement disparu, mais ils sont moins nombreux. Il y a vingt ans, ils prenaient leur voiture et faisaient le tour des patients pour passer du temps avec eux et prendre de leurs nouvelles. Aujourd'hui, le médecin n'a plus le temps d'être sur la route. Il reçoit à son cabinet. Son agenda est chargé. Difficile parfois de trouver rapidement un rendez-vous.

Les services d'urgences sont souvent bondés. Nous avons des personnes qui sont isolées, qui souffrent, qui s'inquiètent d'une douleur apparue dans la nuit. Elles n'ont souvent pas d'autre choix que d'appeler le 18. Elles savent qu'il y aura toujours quelqu'un au bout de la ligne, que le centre de traitement des appels ne lui posera pas une longue série de questions auxquelles il faudra répondre en pressant sur le 1, le 2, le 3, le 4 ou le 5 avant de tomber enfin sur un opérateur.

Comme je le répète à mes pompiers, au terme de cette journée, nous avons été malgré tout utiles et surtout humains : tenir la main de cette vieille dame dans l'ambulance a été un moment de réconfort qui n'a aucun prix. Même si cette intervention ne fait pas partie de nos attributions, cette personne est la grand-mère de quelqu'un. C'est une mère, une sœur. Et cet entourage compte sur nous. Nous devons conserver cette humanité qui caractérise nos missions.

Nos interventions quotidiennes en disent d'ailleurs beaucoup sur l'évolution de notre société. Nous avons pris l'habitude d'avoir tout, tout de suite. Les livres livrés à domicile, les séries disponibles en intégralité dès leur sortie, les informations sur les applis et les secours en composant le 18. Tout va à une vitesse phénoménale. On oublie toutefois que les réseaux sociaux ne vont guérir ou sauver personne. Ils peuvent nous renseigner, mais il faudra toujours un être humain pour porter secours. Nous n'avons jamais été aussi proches du citoyen du bout du monde qu'aujourd'hui. S'il était des nôtres, Saint-Exupéry pourrait prendre des nouvelles à tout moment de ses amis aviateurs en train de livrer le courrier en Amérique du Sud. Mais si l'un d'eux venait à disparaître dans les Andes, comme son ami Guillaumet, il ne pourrait pas faire grand-chose pour lui à 12 000 kilomètres de là. Ce sont les services de secours sur place qui partiraient à sa recherche. Nous sommes tous dépendants du facteur humain. Si je veux venir en aide à un ami perdu dans le massif de l'Aconcagua, je devrai attendre au moins vingt-quatre heures avant d'arriver sur place. Il en va de même pour les urgences. Nous devrons toujours patienter dans la salle d'attente, car le médecin ne peut s'occuper que d'une personne à la fois.

Le facteur humain, nous le retrouvons fragilisé par les interventions où nous suppléons à une prestation privée déficiente. Pendant que les pompiers emmènent une personne à l'hôpital – qui aurait pu être transportée par son entourage –, ils ne sont pas disponibles à la caserne en cas de drame sur la route. La vie des accidentés pourrait être en danger.

Et puis, nous ne prenons pas uniquement la température des évolutions sociétales sur les routes et dans les campagnes : le changement climatique a également une influence sur notre mission. Autrefois, dans notre région, le feu concernait des habitations, des exploitations agricoles, des broussailles dans certains cas. Les incendies de forêt étaient une exclusivité du Bassin méditerranéen et de la Corse. Ces dernières années, nous en avons pourtant connu dans notre département. Les étés sont chauds, les précipitations rares. Tous les ingrédients sont réunis pour que la Bourgogne, au centre de la France, subisse à son tour ce fléau. Pour l'instant, ce sont des « petites » interventions. En 2015, nous en avons connu deux sur le département, lors d'un été caniculaire. Dans la Nièvre, une voiture en flammes a bouté le feu à une pépinière. Les canadairs sont intervenus pour l'éteindre. Les images de ces avions lâchant des trombes d'eau sur des forêts incendiées ne faisaient pas partie de notre paysage. Heureusement, Damien est à mes côtés, ce soldat du feu qui a fait le tour du Sud de la France pour combattre les flammes. Son expérience est essentielle.

Je me demande de quel pays héritera mon enfant lorsqu'il aura mon âge.

6

« BUTTERFLIES AND HURRICANES »
MUSE

33

« Les pompiers, j'écoute.

– Bonjour, je viens d'arriver à la gare TGV du Creusot et je ne trouve pas de taxi.

– Madame, vous vous êtes trompée. Ce n'est pas le bon numéro.

– Mais pas du tout !

– Vous savez bien que les pompiers sont là pour intervenir dans l'urgence, lors d'incendies, d'accidents, de malaises...

– Je n'ai pas de taxi à ma descente du TGV et tout ce que vous trouvez à me dire, c'est que ce n'est pas une urgence, ça ? »

En rentrant à la maison au bout d'une journée mouvementée entre interventions urgentes et assistances diverses, je me souviens de l'appel de cette Parisienne qui avait débarqué en « rase campagne ». Personne à la gare, les guichets étaient fermés. Le kiosque l'était aussi. Elle paraissait totalement démunie, isolée et... sans taxi.

Nous n'avons décidément pas tous le même rapport à la détresse et à l'urgence. Et ce ne sont pas les exemples qui manquent. Une autre fois, c'était un homme au bout du fil. Il était tombé sur une collègue qui était restée très professionnelle et très sérieuse malgré le motif de l'appel. « Je suis avec ma compagne. Je n'arrive pas à avoir d'érection : que dois-je faire ? » Avec délicatesse, ma collègue lui avait conseillé de consulter un médecin.

Je me souviens de nombreuses anecdotes du même genre du temps où j'étais en fonction au centre de traitement des appels de Mâcon. C'était après l'école d'officiers d'Aix. Je me retrouvais en première ligne, là où arrivent tous les appels de détresse du département, que ce soit pour un simple accident domestique, comme la chute d'une personne âgée, ou de la circulation avec plusieurs voitures impliquées, un simple feu de cheminée ou un bâtiment en flammes avec des habitants réfugiés sur les balcons ou sur le toit. Qu'il s'agisse d'une tragédie ou d'un incident apparemment mineur, toutes les personnes qui composent le numéro des pompiers ont besoin de secours, à l'exception bien sûr des canulars.

Peu après ma prise de fonction, je me suis retrouvé dans une situation particulière du fait de son ampleur. Une tempête avait dévasté le département le 4 novembre 2014. Au fur et à mesure que nous recevions les appels au secours, nous l'avons vue progresser sur la carte du département. Des toitures envolées, des maisons inondées, des arbres arrachés : nous ne savions plus où donner de la tête. Il fallait fixer des priorités en fonction de la gravité des dégâts. Nous sommes intervenus près de 1 200 fois.

La plupart des gens pensent que l'opération des secours débute lorsque le camion de pompiers quitte la caserne, sirènes au vent. En vérité, elle commence dès que nous recevons l'appel, voire avant, dans l'idéal, lorsque les témoins de l'accident apportent les premiers secours aux victimes. À Mâcon, nous gérions entre 300 et 400 appels chaque jour, un chiffre encore plus vertigineux lorsque nous compilons l'ensemble des coups de fil sur l'année : environ 140 000, pour un nombre d'interventions annuelles de plus de 36 000.

Au centre de traitement des appels, le téléphone sonne en moyenne toutes les cinq minutes pour un appel de secours ; auquel il faut ajouter les appels des autres services (SAMU, police, gendarmerie, sociétés d'autoroute, etc.) et les appels internes (des casernes vers le centre de traitement lorsqu'elles ont besoin d'informations complémentaires). Le pompier qui prend l'appel assume un rôle complètement différent de celui qui débarque sur le lieu de l'accident. Il se retrouve seul face à ce qu'il entend. Il n'a aucune vision de la scène. Il doit se représenter ce qui vient de se passer à partir des propos de son interlocuteur. Sur la base de ce qu'il entend et de son ressenti, il doit décider des moyens à déployer sur place… ou pas. La plupart des appels ne méritent pas forcément l'envoi des pompiers, comme dans les cas cités précédemment.

La part du ressenti du pompier au bout du fil est extrêmement importante. Certains appels paraissent dramatiques. Au timbre de la voix de l'interlocuteur, il peut se dire qu'il a affaire à un canular. Évidemment, tout ne repose pas sur l'intuition. Comme on le dit dans le métier : « S'il y a un doute, il n'y a pas de doute. »

Avec les réseaux sociaux, nous disposons désormais d'informations. Sur Twitter, nous sommes à la recherche d'une photo prise par un témoin qui nous confirmerait l'ampleur de l'accident et qui nous aiderait à dimensionner l'opération de secours que nous sommes sur le point d'envoyer. Combien de camions de caserne, d'ambulances à mobiliser et, dans les cas, les plus extrêmes, en coordination avec le SAMU, de centres hospitaliers à mettre dans la boucle de l'intervention ? Comme quoi, le progrès n'est pas nécessairement négatif. Un chauffeur qui utilise son téléphone portable en conduisant est un danger public, mais celui qui saute sur son téléphone pour appeler les secours est un Bon Samaritain du XXIe siècle. L'arrivée du portable a accéléré l'intervention des secours. Et pour nous, le temps, c'est la vie. D'autres applications, comme Waze, nous rendent aussi la tâche un peu plus facile. Un site collaboratif comme celui-là nous permet de désengorger les routes ou de lancer des appels à la prudence à l'approche d'un accident. Nous les utilisons pour faire de la communication opérationnelle : « Accident sur la RCEA à tel endroit. Évitez le secteur. Prudence. » Des messages que nous n'étions pas en mesure de transmettre dans le passé.

Pour un pompier, travailler sur un centre de traitement des appels, c'est souvent se retrouver comme un lion en cage. Ce qui nous anime, c'est entre autres le besoin d'agir. Or, lorsque notre rôle se limite à envoyer des collègues sur place, à les prévenir en pleine nuit d'un accident sur la RCEA, à leur demander d'éteindre des poubelles incendiées dans un centre-ville ou à se rendre dans une ferme isolée où un agriculteur a choisi de se pendre sous la pression financière, nous ne sommes plus directement dans l'action. Lorsque j'entendais les appels de détresse, je ressentais l'envie de sauter dans le premier véhicule disponible et d'être sur place aussi vite que possible. Mais ce n'était pas mon rôle.

Au cours des deux années et demie passées au centre de traitement des appels, j'ai vécu des situations dramatiques dont je n'ai jamais été le témoin oculaire. Des parents qui appelaient pour un enfant blessé, voire mutilé, des témoins d'un incendie, des personnes accidentées sur la route qui prenaient leur portable pour alerter elles-mêmes les secours ou d'autres au bout du rouleau qui composaient le 18 pour nous annoncer leur intention de mettre fin à leurs jours. La détresse des gens au téléphone peut parfois paraître banale. Elle est toutefois éprouvante, voire parfois totalement insupportable, pour celui qui la vit.

« Allô ?

– Bonjour, je vais me tirer une balle dans la tête. À votre arrivée, vous trouverez une lettre avec toutes les explications sur la table de la cuisine.

– Monsieur, attendez. »

L'opérateur cherche les mots pour soigner les maux. Il essaie de meubler pendant que les secours sont envoyés sur les lieux. Il essaie de gagner du temps. « J'ai bien compris votre manège. C'est trop tard, ma décision est prise. » Une détonation retentit. Puis le silence. La situation est alors évidente. Il nous faut l'accepter.

34

Le mercredi après-midi, c'est le jour des canulars. Nous avons pour ainsi dire un public très jeune au bout du fil. Les pompiers ont développé une stratégie très élaborée pour que l'enfant qui s'ennuie à la maison le mercredi après-midi cesse de composer le 18 pour nous faire une bonne blague. Ils prennent note du numéro de l'appel et se font un plaisir d'alerter les parents dans la soirée, à leur retour du travail.

« Bonsoir, monsieur, bonsoir, madame, nous souhaiterions que votre enfant cesse d'appeler les pompiers pour s'amuser le mercredi après-midi. Nous avons déjà assez à faire avec les cas sérieux.

– Mais il n'a pas appelé.

– Si, si, tout l'après-midi. Nous avons reçu quatre appels de sa part. »

Il se peut que le parent au téléphone passe sur-le-champ un savon à son rejeton, sous l'oreille attentive du pompier, mais il arrive aussi que le père ou la mère s'en moquent et qu'ils nous raccrochent au nez. Nous comprenons alors que c'est peine perdue. Nous avons eu parfois jusqu'à 50 appels-canulars en une seule journée. Les auteurs ne se rendent probablement pas compte qu'ils mettent la vie d'autres personnes en danger. Un jour, nous avons été alertés d'un grave accident à proximité de Chalon-sur-Saône. La description de la scène était crédible. Plusieurs véhicules et une moto étaient impliqués. Nous avons jugé que la situation était grave. Le problème, c'est que les pompiers de Chalon, de Givry et de Buxy étaient déjà engagés sur plusieurs interventions. Nous avons été contraints d'en retirer certains pour les dépêcher au plus vite sur la scène de l'accident. Lorsqu'ils sont arrivés sur place, ils ont découvert qu'il ne s'était strictement rien passé à l'endroit indiqué. L'appel avait été émis depuis une cabine téléphonique pour brouiller les pistes. Nous avions été bernés, pour le plus grand malheur de ceux qui avaient véritablement besoin de secours.

Une mauvaise farce, dont nous sommes parfois les dindons. D'autres fois, nous en sommes même les victimes. Il ne s'agit plus d'un canular, mais d'un traquenard. Nous sommes tout bonnement les cibles d'une agression.

Comme dans le reste de la France, sur l'agglomération de Mâcon, les pompiers font face à la violence urbaine. Ces altercations se produisent souvent après une intervention policière. Comme nous portons aussi un uniforme, sans arme néanmoins, à la différence des policiers, nous sommes des proies plus faciles pour l'individu ou le groupe qui souhaite s'en prendre aux représentants de l'État. Et ce n'est pas un phénomène propre aux grandes villes – même si à Paray, ce phénomène reste marginal. L'Observatoire national de la délinquance et des réponses pénales (ONDRP) a publié des chiffres qui font froid dans le dos : les agressions contre les pompiers ont été multipliées par trois en dix ans. Elles sont surtout le fruit de personnes en profonde détresse sociale, parfois alcoolisées ou sous l'emprise de la drogue. En septembre 2018, en région parisienne, un pompier est même mort poignardé par la personne qu'il était venu secourir. Aucun d'entre nous ne part porter secours pour se faire insulter, encore moins pour prendre un coup de poing ou recevoir un coup de couteau.

À l'échelon national, les sondages s'accordent néanmoins à confirmer chaque fois que les Français apprécient notre travail. Il y a plusieurs explications à ce prestige dont nous bénéficions dans l'opinion publique. D'une part, notre mission, celle de sauver des vies, et, d'autre part, dans une moindre mesure, les Français ont peut-être compris que tout le monde n'est pas forcément capable, individuellement, d'accomplir ce que nous effectuons au quotidien.

35

Chez le gynécologue, nous écoutons encore une fois les battements de cœur de notre enfant lors de la troisième et dernière échographie. Aujourd'hui, nous le découvrons en 3D. Nous sommes émerveillés. Il est recroquevillé sur lui-même, et nous l'observons sous tous les angles. La 3D, c'est une sorte de première rencontre avec le bébé. Elle permet de le personnaliser. Il devient bien plus qu'une image.

Le retour chez moi, sur mes terres, a définitivement été une bonne décision. Ce face-à-face avec notre bébé ne fait que le confirmer.

Dans notre profession, il est rare qu'un pompier revienne sur les lieux de ses premiers pas. C'est un peu plus fréquent pour ceux qui ont plus d'ancienneté mais, à mon âge, c'est un peu plus inhabituel. Je ne m'étais pourtant jamais fixé l'objectif de m'installer à nouveau à Paray.

Je rêvais, en revanche, de décrocher mon premier poste de chef de centre. Le centre de traitement des appels de Mâcon était un lieu que je n'avais pas choisi. J'y avais été placé parce qu'au moment où je sortais de l'école d'officiers, il y avait un besoin, une demande. Je ne le regrette pas. J'y ai acquis des compétences énormes pour exercer ma fonction actuelle. J'y ai notamment appris le fonctionnement du centre des appels et de leur tri, qui me permettait d'être conscient du travail déjà accompli avant que mon bip se mette à vibrer.

Mais il était temps pour moi de repasser à l'action, de retrouver le terrain. Le hasard a voulu que le premier poste de chef de centre à se libérer fût celui de ma ville natale. À ce moment-là, je ne voulais pas spécialement y retourner. Des collègues me confortaient dans cette position : « Fais gaffe, tu vas te casser la gueule. Ce n'est jamais bon de revenir. »

Si j'acceptais ce poste, il me fallait être à nouveau auprès de ceux qui m'avaient tout appris lorsque j'étais pompier volontaire. J'allais devoir donner des ordres à ceux qui connaissaient probablement le mieux mes qualités, mais aussi mes défauts.

Et puis, j'ai changé d'avis. Je me suis jeté à l'eau. « Advienne que pourra », me suis-je dit. À l'été, j'ai pris mes valises, emprunté la RCEA et retrouvé ma bonne vieille ville de Paray, ses habitants et sa caserne qui m'était familière. Comme à Aix, une porte s'était ouverte. Je n'en étais qu'au commencement.

J'étais conscient, dès mon arrivée, que la caserne de Paray serait un passage. Il y a eu des chefs avant moi, et d'autres prendront le relais. C'est une évidence. J'avais de l'appréhension, je le reconnais. Mes collègues me rappelaient que je franchissais une nouvelle étape : je serais beaucoup moins sur les interventions et beaucoup plus accaparé par des tâches administratives. « Ça ne va pas te manquer, toi qui adores partir en opération ? » me disait l'un ; « Tu ne seras plus là pour les victimes », m'avertissait l'autre.

Tout d'abord, les interventions, ce n'était pas vraiment du passé pour moi. Je n'allais pas abandonner pour autant mon rôle de saint-bernard, celui de porter secours sur la RCEA ou ailleurs. Et au bureau, j'allais travailler de façon indirecte pour les victimes, en faisant en sorte que *mes* pompiers soient déterminés, passionnés et engagés. Ils se consacreraient ainsi entièrement à secourir et à renforcer les liens qui les unissent. Je me suis alors fait une promesse : donner le meilleur de moi-même pour motiver l'équipe à mes côtés afin qu'elle fasse de cette caserne ce dont elle a envie.

J'ai relu Hubert Lyautey avant de prendre mes fonctions et même encore après. Je suis conscient que ma mission d'officier consiste à allumer la flamme chez les nouvelles recrues et à maintenir le feu sacré chez les plus anciens. Voilà pour la théorie. Je dois désormais la mettre en pratique dans une caserne de près de 60 pompiers.

Christian Martin m'a encouragé à mon arrivée comme il sait si bien le faire : « Depuis que tu es parti, tu es devenu lieutenant, mais tu es resté le Romain que j'ai connu. » Voilà qui m'a fait du bien. J'ai posé mes bagages à Paray avec ma personnalité et ma propre expérience de pompier doublée de la formation d'officier reçue à Aix. Dans l'exercice de nos fonctions, il ne faut pas minimiser la sensibilité, la force, l'engagement de chacun. C'est ce qui dicte notre conduite au quotidien. Je pars du principe qu'un chef dirige avec ses tripes. Il ne peut pas s'inventer une personnalité ni jouer à être un autre. Je pense même qu'il est dangereux qu'un officier s'efforce contre nature d'être directif, d'imposer des décisions autoritaires. La plus grande valeur d'un chef, à mes yeux, est de respecter ce qu'il est intérieurement et de se conduire avec ses pompiers avec le plus de naturel possible, avec respect et sans subterfuge. Garder son cap, écouter sa voix intérieure et avoir le courage d'assumer ses positions, ses choix.

36

Jennifer n'en croit pas ses oreilles : « Tu veux organiser des réunions de centre élargies pour que nous te donnions notre avis ? »

À mon arrivée à Paray-le-Monial, je rencontre chaque pompier. Je leur expose ma volonté de faire du management plus que participatif : je veux faire du « co-constructif » – une « valeur-attitude » chère au colonel Michel Marlot, ancien directeur départemental d'incendie et de secours de Saône-et-Loire[1]. En entendant ce terme pour le moins barbare, Jennifer me regarde avec de gros yeux. Elle est habituée à une organisation pyramidale classique. Comme pompier volontaire, elle restait en marge des réunions auxquelles participaient les sous-officiers de garde, qui, à leur tour, lui en faisaient un résumé. Autant dire qu'en entrant dans mon bureau, elle ne s'attendait

1. Michel Marlot, *Itinérances d'un officier de sapeurs-pompiers : ma grand-mère, le sociologue et le charcutier-peintre*, Les Éditions des pompiers de France, 2013.

pas du tout à ce que je lui annonce que je consulterais le plus souvent mes pompiers pour me forger une opinion avant de prendre une décision. Pour elle, c'est de la communication interne, une « opération séduction », avec des phrases toutes faites apprises à l'école d'officiers. Elle est convaincue que rien ne changera dans la vie quotidienne de la caserne. « "Du management participatif" ? Du "co-constructif" ? Késako ? Un beau concept, mais encore ? » À l'image de Jennifer, beaucoup de pompiers sont sortis de mon bureau en se demandant ce que j'avais derrière la tête, sceptiques à la fois sur mes intentions et ma capacité à y parvenir.

Les pompiers qui restent sur place voient défiler les chefs les uns après les autres. Pour certains, ce changement de hiérarchie est un moment important. D'autres sont parfois lassés d'entendre de belles promesses qui se heurtent rapidement aux traditions ou aux habitudes. Je leur explique ma façon de travailler, ce que j'entends par « co-construire ». Je m'inspire d'une expression – qui revient souvent dans les programmes politiques –, celle de la démocratie participative, qui consiste à consulter le peuple avant que le gouvernement prenne une décision. Voilà ce que je veux faire pour améliorer le fonctionnement de la caserne : demander l'avis des pompiers volontaires et des professionnels qui la constituent. Devant chacun d'entre eux, j'avoue que je n'ai pas toujours les bonnes réponses ni toutes les solutions : « J'ai besoin de vous, d'une équipe qui puisse aussi m'en apporter » – gardant toujours en tête les propos de Michel : « C'est ceux qui font qui savent. »

Je leur assure que ma porte restera toujours ouverte, qu'il me faut confronter les points de vue pour trouver les solutions les plus équilibrées, les plus pertinentes. Pour moi, il n'y a rien de plus gratifiant que l'épanouissement collectif. En leur accordant ma confiance, je suis convaincu qu'ils donneront le meilleur d'eux-mêmes. Il y a certes des limites à fixer. Nous restons des sapeurs-pompiers. Nous ne pouvons pas nous permettre de vivre dans l'anarchie. Il y a des règles, des cadres à déterminer. Chacun doit y trouver l'espace nécessaire pour s'y épanouir.

Parmi les pompiers de Paray, il y a beaucoup de diversité. Leurs vies privées, leurs âges, leurs origines, leurs religions ou encore les problèmes personnels qui les affectent sont autant de différences. Ils se retrouvent pourtant au quotidien à la caserne. En tant que chef de centre, je m'efforce d'en tirer la plus grande richesse possible. Nous devons travailler ensemble, avec nos différences. Je dois créer des liens entre ceux qui ont le feu sacré et ceux dont la flamme vient de s'allumer, pour éviter qu'un conflit générationnel ne les étouffe. Je ne suis pas un partisan du diviser pour mieux régner. L'unité est fondamentale. Ce que nous vivons dans notre quotidien peut être insupportable. Une caserne doit faire bloc pour surmonter ces moments-là, pour que chacun de nous parvienne à se libérer de ses émotions.

Quelques mois plus tard, Jennifer revient me voir. Elle a changé d'avis. « Tu as fait évoluer la caserne », me confie-t-elle, un brin admirative de la méthode, après avoir évalué pendant quelques mois l'application de cette énigmatique « co-construction ». Elle me remercie de ma bienveillance, de considérer les personnes telles qu'elles sont, d'être à l'écoute non seulement de leurs problèmes professionnels, mais aussi personnels. Elle apprécie que je m'intéresse à elle et à sa petite famille, et que je ne me contente pas de la voir uniquement comme un pompier.

Jennifer fait de moi un portrait flatteur. D'après elle, j'aime expérimenter, sortir des sentiers battus, casser les codes dans la gestion d'une caserne. C'est vrai, je n'aime pas recycler les normes établies dans la gestion des gardes au centre de secours. Je préfère innover, tenter le coup et faire le bilan avec les pompiers quelques semaines ou quelques mois plus tard. Si la mesure est efficace, nous la maintenons. Si ce n'est pas le cas, nous revenons à la case départ et nous repartons à la recherche de nouvelles pistes.

37

Cet été, nous organisons le bal des pompiers à la caserne pour la première fois depuis des décennies. La tradition s'était perdue. Mes parents se souviennent encore de ces soirées à la veille du 14 Juillet. Avec l'amicale des pompiers, l'envie nous prend de relancer cette tradition. Le bal a énormément d'importance pour nous et pour l'ensemble de la population. Avec la tournée des calendriers à la fin de l'année, c'est la seule fois où les habitants de Paray-le-Monial se retrouvent face à des pompiers sans avoir besoin de secours. Une animation de zumba lance la soirée, puis le bal à proprement parler prend le relais.

Pour cette première, nous n'avons pas autant de monde que nous l'espérions. Mais les participants en redemandent. Et j'ai malgré tout l'impression, après cette fête, que ces rencontres sont des moments clés dans notre vie. Nous recommencerons.

Ces instants de convivialité nous permettent de lâcher prise après une lourde intervention, de panser les plaies ensemble, de souder aussi l'équipe. Pendant la Coupe du monde 2018, nous nous sommes retrouvés pour suivre ensemble les matchs de l'équipe de France autour d'un grand barbecue installé dans le jardin de la caserne. Ce sont des instants de partage d'une importance capitale. Des moments de fraternité. Nous trinquons ensemble, nous plaisantons, nous nous amusons. Je me fais parfois chambrer au passage. Rien de bien méchant.

J'aime m'arrêter un temps, me poser en spectateur, contempler *mes* pompiers et profiter du travail accompli par Laurence et son équipe, qui dirigent notre amicale pour rendre la vie du centre plus joyeuse, dans le partage et la cohésion. Je me dis que je dois tout faire pour qu'il ne leur arrive rien. C'est mon rôle de les protéger au maximum. Je ne mets rien au-dessus de la vie de mes sapeurs-pompiers.

Un soir, avec Fanny, invités par nos collègues de Digoin, nous sommes allés voir le film *Sauver ou périr*. L'histoire très touchante d'un pompier de Paris qui subit des blessures irréversibles lors du sauvetage de l'un de ses collègues pendant l'incendie d'un entrepôt. Ce film m'a bouleversé. Il m'a renvoyé à ma responsabilité de chef de centre, aux risques que nous prenons sur nos interventions, qu'il s'agisse d'un incendie, d'un accident ou plus banalement du bâchage d'un toit après des intempéries. Il est difficile de savoir exactement où se cache le danger. Et puis, il y a toujours le risque de suraccident. Si l'un d'entre nous est blessé, s'il est victime d'un camion qui déboule à vive allure ou d'une explosion de gaz, l'incompréhension est totale. Les pompiers sont ceux qui viennent aider, ceux qui distribuent les secours. Ce ne sont pas ceux qui doivent en recevoir. Pour nous aussi, la blessure d'un équipier sur une opération, si banale soit-elle, constitue un moment très difficile à vivre. Elle nous renvoie à l'idée que nous sommes des victimes potentielles. L'opinion publique est d'ailleurs choquée chaque fois que des pompiers tombent lors d'une intervention, comme à Paris, en 2019, où trois d'entre eux ont perdu la vie lors d'une explosion de gaz dans le quartier de l'Opéra.

38

Ce soir, à 18 heures, j'ai un entretien dont je me serais bien passé. J'ai choisi ce métier pour éteindre des incendies. Je l'ai fait pendant des années avec une lance, mais depuis que je suis chef du centre de secours de Paray-le-Monial, j'ai découvert un rôle dont je ne soupçonnais pas l'existence : je dois aussi combattre des risques d'incendie à l'intérieur même de la caserne. Ils sont d'un type différent. Ce sont des problèmes de relations humaines qui, s'ils ne sont pas réglés à temps, se propagent comme les flammes au sein de l'équipe.

Je l'avoue, jamais la RCEA ne m'a empêché de dormir, pas plus que les interventions réalisées au cours de ma carrière. Ce n'est qu'à mon retour à Paray, comme chef de centre, que j'ai pris conscience que des problèmes de gestion étaient capables de me priver de sommeil, même en faisant un petit détour par la Loire en sortant du boulot. Je n'aurais jamais imaginé que la gestion d'une équipe puisse perturber ainsi mes nuits. Il suffit parfois d'une étincelle pour que le feu prenne.

Ce qui fut le cas pour une affaire sérieuse et délicate, dont j'ai dû m'occuper. Un pompier en retraite s'était permis, en mon absence, une blague de mauvais goût aux dépens de l'un de nos collègues de confession musulmane l'appelant « tranche de jambon ». Sous prétexte d'une plaisanterie douteuse, il avait franchi la ligne rouge. Ces propos me sont insupportables, intolérables. Il est hors de question que l'un de mes hommes soit victime de moqueries à propos de ses croyances religieuses. Lorsque j'ai pris connaissance de ce qui s'était passé, j'ai appelé la victime pour qu'elle me confirme les faits. J'ai exceptionnellement fermé la porte de mon bureau pour que l'homme se livre à moi. Il n'a pas eu de reproches à l'égard de notre ancien collègue et m'a simplement décrit son comportement comme « trop insistant ».

Nous sommes en 2019. Il y a des commentaires que l'on ne peut pas laisser passer, et je ne peux accepter que des insultes deviennent monnaie courante contre qui que ce soit. Mon soutien n'est pas une option, c'est une obligation. J'ai le devoir d'intervenir avec fermeté, de défendre avec ferveur mon pompier pour qu'il ne devienne pas un bouc émissaire, pour qu'il ne soit pas victime de harcèlement. Je dois à tout prix circonscrire l'incendie avant qu'il n'échappe à tout contrôle.

Avant de recevoir notre ancien collègue, Jennifer passe me voir dans mon bureau. Nous discutons de cette affaire. « Être bienveillant, c'est aussi parler franchement quand quelque chose ne va pas », me dit-elle. Ses propos sont encourageants.

Dès que l'auteur de la mauvaise blague s'installe en face de moi, je le préviens que je suis disposé à prendre des mesures très strictes. Je n'ai pas besoin de brandir de menace plus précise. Il reconnaît des propos totalement déplacés, dont il n'avait mesuré ni la portée ni l'offense. Il est conscient que sa blague a dépassé les bornes et fait son mea-culpa. Je lui en suis reconnaissant. En sortant de l'entrevue, il se rend immédiatement auprès de son collègue pour s'excuser de vive voix. L'incendie est éteint.

39

J'aime bien le franc-parler de Damien. Il n'hésite pas à me « bousculer » lorsqu'il estime que je file un mauvais coton. Comme tous les pompiers, il a très bien compris qu'il ne suffit pas d'entrer dans mon bureau pour soulever un problème de management ou d'organisation. J'attends aussi une solution. « J'ai connu des chefs qui pensaient qu'eux seuls avaient des idées », me lance-t-il un jour à la cantonade, agréablement surpris que j'aie accepter l'une de ses initiatives sans hésiter.

Un après-midi, il vient me voir pour aborder un sujet qui n'a pas vraiment de lien avec la gestion du centre, du moins pas directement. Il me connaît bien. Il sait que je suis ouvert à toutes les discussions, qu'elles concernent la caserne ou pas. Lorsqu'un pompier entre dans mon bureau, j'interromps ce que je suis en train de faire, je me déconnecte de mes différents appareils pour être à l'écoute. Autant dire que je suis énormément surpris par le sujet qu'il met sur la table, c'est-à-dire… moi. « Fais gaffe, tu en fais trop, me sermonne-t-il. Tu as une vie de famille. Tu dois comprendre qu'elle est en train de pâtir de tout le temps que tu consacres au travail. Le risque, c'est que tu t'éparpilles. Quand on est partout, on ne peut pas tout bien faire, et, en plus, on a aussi besoin de toi au centre, la présence d'un chef dans sa caserne est indispensable. »

En effet, je m'investissais alors énormément, et dans de nombreux dossiers. Il m'est déjà arrivé de faire deux allers-retours dans la journée pour me rendre à la direction départementale à Mâcon. Une heure de route en empruntant la RCEA, où la fatigue et l'inattention peuvent être fatales. Lorsqu'un pompier passe au moins quatre heures par jour au volant, il reçoit des appels téléphoniques qui ne peuvent pas attendre, que ce soit de la caserne ou de ses supérieurs. La gendarmerie m'a surpris avec mon portable à la main sur la RCEA. J'ai perdu trois points sur mon permis de conduire. La honte. Je n'en menais pas large face aux gendarmes. J'ai joué avec le feu.

Oui, Damien a raison. J'en fais trop. Je suis tellement investi dans mes fonctions que j'en oublie de vivre. Après cette prise de conscience, je lève le pied immédiatement. Je passe le relai dans certains dossiers qui me prennent trop de temps à Mâcon.

Fanny est très reconnaissante envers Damien. Moi aussi. Son franc-parler a quelquefois l'effet d'un « électrochoc », mais c'est surtout, à mon sens, une attitude honorable et respectueuse. Je considère que l'inverse est un fléau qui pèse sur le collectif. Les rumeurs, blasphèmes et autres médisances sont comme les métastases d'un cancer qui tendrait à se généraliser. On ne prend pas soin ni de soi ni des autres en camouflant les vérités et en s'épanchant sur les absents.

Sur la RCEA, comme sur toutes les routes, pas question de se laisser distraire par un SMS. Parfois, le danger ne parvient pas forcément d'une erreur humaine. J'en ai fait l'expérience un soir d'hiver en rentrant de Mâcon. Un chevreuil a traversé la route. Je n'ai pu l'éviter. Tout s'est produit tellement vite qu'il n'y avait strictement rien à faire. Moi qui ne suis pas un chasseur dans l'âme, j'étais gâté. Le capot de ma Clio de service a volé en éclats sous la violence du choc. Je n'ose imaginer ce qui aurait pu se produire si j'avais été au téléphone. Je me serais peut-être dévié de ma trajectoire pour éviter l'animal et serais passé sous un semi-remorque déboulant en face. Les collègues n'auraient alors rien pu faire pour moi.

Quelques mois plus tard, ce facétieux de Christian me réserve une belle surprise pour la Sainte-Barbe, patronne des pompiers et des mineurs, le 4 décembre. À cette occasion, nous retraçons les principaux événements de l'année écoulée et nous mettons à l'honneur les sapeurs-pompiers qui ont obtenu des diplômes, une médaille d'honneur ou de reconnaissance, ou encore ceux qui ont accédé à un grade supérieur. Cette cérémonie très solennelle se déroule en présence de nos élus et nos autorités. Christian a choisi de rompre avec le protocole habituel après les allocutions. Il m'a remis un cadeau géant, très bien emballé. Quelle n'a pas été ma surprise en découvrant à l'intérieur le capot et la calandre rescapés de la Clio, d'où pendait encore la plaque d'immatriculation ! Tintin avait ajouté des cornes de chevreuil et la date de l'accident : le 27 avril 2018. Ce jour-là, j'ai eu plus de peur que de mal. La Sainte-Barbe était le moment idéal pour en rigoler. Le capot de la Clio trône depuis dans la remise où se trouvent nos camions.

Ces derniers jours, j'ai fait une rechute. Chaque fois que mon téléphone personnel se met à sonner, j'interromps toutes les conversations en cours : « Un instant, s'il vous plaît. Je vérifie que je ne suis pas papa. »

7

« THE NUMBER OF THE BEAST » IRON MAIDEN

40

8 janvier 2017. 4 heures du matin. Damien reçoit un appel dont il dira plus tard qu'il a « marqué à jamais sa carrière ». Il est de permanence au centre de traitement des appels de Mâcon. Il garde un œil sur les prévisions météo. Elles sont mauvaises. Des pluies verglaçantes sont attendues avant l'aube sur le département. Damien a encore trois bonnes heures de garde devant lui avant que l'équipe du matin prenne la relève. C'est le calme plat, pour le moment.

Soudain, le téléphone sonne. Un numéro étranger s'affiche sur l'écran de Damien. Au bout du fil, une dame qui s'exprime parfaitement en français, avec un léger accent. C'est un point positif, un gain de temps non négligeable. Damien n'a pas besoin de réveiller un traducteur en plein milieu de la nuit pour comprendre son interlocutrice. Elle s'exprime d'une manière posée, sans transmettre la moindre angoisse ou nervosité. Un appel en or, comme on dit dans le métier. Elle vit pourtant un véritable cauchemar dans la nuit noire bourguignonne. « Je suis dans un autocar. Nous avons eu un accident. Il y a des morts. »

Au centre d'appel, Damien prend la mesure de la gravité de l'intervention qu'il s'apprête à déclencher. Il interroge son interlocutrice pour qu'elle lui donne plus de détails sur l'événement qui vient de se passer. Elle répond de manière factuelle à chacune de ses questions. Il est impressionné par son sang-froid.

Elle se trouve dans un véhicule de la compagnie portugaise Rota das gravuras. Elle a brusquement été réveillée, comme les autres passagers, lorsque le car est sorti de la route et a chuté dans le fossé. Ils revenaient du Portugal, après y avoir passé les fêtes de fin d'année en famille, et se rendaient en Suisse où ils étaient tous établis. La dame nous informe qu'il y a 34 personnes à bord, parmi elles des blessés, dont certains en urgence absolue ; il y a des morts aussi.

À ce stade, Damien dispose de toutes les informations nécessaires pour déployer les moyens qu'il faut pour secourir les blessés. Il a le nombre exact de passagers, une idée assez précise du nombre de blessés et de victimes. Nous n'avons pas toujours ces informations. Dans les transports scolaires, par exemple, il est très difficile de connaître le nombre précis de personnes qui se trouvent à bord.

Mais, dans le cas qui nous occupe, grâce aux précisions recueillies, Damien sait approximativement combien de casernes il doit mettre sur le coup. Il peut prévenir la gendarmerie et alerter le SAMU pour qu'il envoie des médecins et des ambulances. Il a même déjà une idée du nombre d'hôpitaux qui seront mobilisés pour accueillir les blessés en fonction de leur gravité.

Il lui manque une information, pourtant essentielle. Son interlocutrice n'a aucune idée du lieu où elle se trouve.

À Mâcon, Damien se démène comme il peut pour obtenir une précision sur l'accident. Aucun autre appel. L'accident a eu lieu dans la clandestinité de la nuit. Alors il insiste auprès de la passagère. Il lui demande de regarder autour d'elle, de lui signaler le moindre détail, de chercher un panneau de circulation ou publicitaire, quelque chose capable de situer la zone de l'accident dans le département de Saône-et-Loire – l'un des plus étendus de France. Il sait que chaque minute est cruciale. À l'autre bout du fil, la dame a enfin trouvé un indice. En vérité, il s'agit plutôt d'une énigme. Elle voit un panneau qui indique la « sortie numéro 12 à 1 500 mètres ». C'est tout. Aucun nom de localité ni même de rivière qui pourrait localiser avec plus de précision le lieu de l'accident.

Damien s'engage dans une course contre la montre. Il doit localiser au plus vite cette « sortie numéro 12 ». Il appelle à la rescousse les services de la direction interrégionale des routes. Avec eux, il procède par élimination. Ce genre de panneau figure essentiellement sur les autoroutes. Ce ne peut pourtant pas être l'A6. Le terre-plein central aurait empêché le bus de traverser la route avant de basculer dans le fossé. Dans le département, il n'y a qu'un seul tracé qui dispose de sorties signalées par des numéros. Damien le connaît bien. Rien que d'évoquer son nom, il en a des sueurs froides. Il s'agit de la redoutable et redoutée RCEA. Une rapide recherche permet à Damien de situer la sortie numéro 12 : c'est celle de Charolles.

Damien lance la mobilisation des secours. En tapant sur son ordinateur les mots « accident », « bus » et « RCEA », il a conscience de la dimension exceptionnelle de l'événement, de l'effroi que provoquera la lecture de son message par les pompiers réveillés en pleine nuit. D'autant que nous avons tous en tête le terrible accident du 31 juillet

1982 à Beaune, cette fois-ci sur l'A6, en plein chassé-croisé des vacances, qui avait coûté la vie à 53 personnes, dont 46 enfants.

Damien n'est pas sûr à 100 % du lieu exact de l'accident. Sur le ticket, il donne une localisation plus large que d'habitude : « 1 500 mètres avant la sortie. » Mais dans quel sens ? Il fixe un créneau de 3 000 mètres pour trouver le bus accidenté. Il ajoute une précision, qui a son importance : « Attention, routes glissantes. » Puis il envoie l'alerte.

C'est alors que j'entre en scène.

41

Le bip retentit en pleine nuit. Je jette un rapide coup d'œil au réveil : 4 h 15. Je bondis hors du lit et saisis mon iPhone pour consulter l'alerte relayée par mail avec les détails saisis par Damien. Je comprends immédiatement qu'il ne s'agit pas d'une intervention comme les autres. Les moyens déployés sont considérables. « Aïe, ça sent la merde », dis-je à Fanny, réveillée également par l'alarme.

J'enfile à toute hâte mon uniforme, je lace mes chaussures et j'emporte mon bip et mes téléphones. En quelques minutes, je suis au volant de ma voiture en route vers une destination approximative. Le message du centre des appels est exceptionnellement flou. Il ne donne pas de lieu précis, juste un tronçon de 3 kilomètres à passer au peigne fin pour localiser l'autocar. « Ça sent vraiment la merde », ai-je pensé.

Le temps est pourri. Il pleut et il fait un froid de canard. J'en ai pour un quart d'heure environ avant de rejoindre Charolles, peut-être plus si la route est glissante comme m'en avertit Damien sur le ticket. Je connais ce trajet par cœur. C'est celui que j'ai parcouru enfant sur la moto de mon père pour le recrutement raté chez les jeunes sapeurs-pompiers. Le même que j'ai emprunté en janvier 2003 pour être confronté pour la première fois à la mort. Ces souvenirs me reviennent à l'esprit quand je m'engage sur la RCEA. Je me prépare mentalement à ce que je vais découvrir sur place. Un autocar, avec 34 passagers. À mon arrivée sur les lieux de l'accident, je devrai appliquer tout ce que j'ai appris depuis que je me suis engagé comme pompier volontaire. Surtout, je dois garder mon calme. Penser à Roger Federer face à l'adversité. Reprendre la maîtrise, sans me laisser déconcentrer pour retourner peu à peu une situation méchamment défavorable par son ampleur.

Les pompiers de Paray-le-Monial se retrouvent à la caserne pendant que j'avance en éclaireur sur la RCEA au volant de la Clio. J'ai actionné le gyrophare, la sirène deux tons et les grands phares. Il n'y a personne sur la route.

À l'approche de la zone supposée de l'accident, ma voiture commence à glisser. La chaussée est une véritable patinoire et la Clio part en zigzag. Les 15 kilomètres qui séparent Paray de Charolles ne m'ont jamais semblé aussi longs. Je suis tiraillé entre ma propre sécurité et l'urgence de porter secours. Je crains le suraccident qui m'empêcherait d'accomplir mon devoir. J'ai répété tant de fois à mes pompiers qu'il ne faut pas prendre de risques inconsidérés en partant en intervention, qu'il ne faut pas ajouter une tragédie à celle qui vient de se produire.

À l'arrivée à Charolles, la nuit est toujours aussi noire. J'entre dans le secteur de 3 kilomètres où l'accident s'est probablement produit. À travers la vitre, je cherche des indices : une trace de freinage, une glissière de sécurité, des bris de verre. Rien. J'amorce la longue descente en ligne droite jusqu'au viaduc de Charolles, un tronçon très glissant. Peu après le pont, je trouve le panneau indiquant la sortie numéro 12 à 1 500 mètres. J'aperçois les gyrophares des véhicules des pompiers de Charolles déjà sur place. Je gare la voiture, traverse la chaussée. Dans la nuit obscure, je remarque les glissières de sécurité arrachées, puis, dans le fossé, le bus accidenté. Damien a vu juste. C'est un soulagement, mais l'intervention ne fait que commencer.

Sur place, je retrouve le chef de la caserne de Charolles, Hubert. Nous pouvons appeler Mâcon et confirmer avec précision le lieu de l'accident. Le chauffeur de l'autocar a probablement glissé sur le verglas à la sortie du viaduc et perdu le contrôle de son véhicule. À quelques mètres près, il se serait précipité dans le vide. La glissière de sécurité n'aurait peut-être pas été assez solide pour l'empêcher de chuter.

Nous ne sommes que cinq pour leur venir en aide ; les premiers maillons d'une opération de sauvetage qui se met en marche, en attendant les renforts. Cette intervention dépasse largement notre grade et notre fonction habituelle. Elle est du ressort d'un commandant, voire d'un colonel. Le préfet a déjà été alerté et ses services se mobilisent.

Teddy, le médecin du SMUR, qui est également notre médecin pompier au centre, nous rejoint rapidement, lui aussi au prix d'énormes risques sur la route verglacée. Pas question d'attendre des renforts pour porter les premiers secours. Ils ne devraient pas tarder, de toute façon.

Nous retenons notre souffle et nous plongeons vers l'autocar, au cœur d'une intervention qui se prolongera pendant plusieurs heures.

Première étape : la reconnaissance. Nous devons confirmer le nombre de personnes à bord et évaluer celui des blessés, des victimes. Nous prenons aussi les dispositions nécessaires pour intervenir immédiatement si le bus venait à prendre feu.

Les passagers se sont tous regroupés au même endroit ; parmi eux, certains sont gravement blessés. Je suis saisi par le silence qui règne. Il n'y a aucun cri, aucune scène de panique. Ils savent sans doute que quatre de leurs compagnons sont morts sur le coup, probablement éjectés de l'autocar. Ils patientent, en se tenant chaud dans cette nuit glaciale, à côté de l'épave. Il est presque 5 heures du matin. Ils sont frigorifiés. Leur silence en est presque troublant.

42

Lors de cette intervention, je ne peux m'empêcher de penser à une autre tragédie, qui avait fait les gros titres des journaux moins d'une année auparavant, et qui avait renforcé un peu plus la mauvaise réputation de la RCEA, empruntée par nombre d'émigrés portugais et espagnols qui rentrent chez eux pour les vacances. Je n'en avais pas été le témoin, mais j'en avais beaucoup entendu parler. C'était un 24 mars, peu avant minuit.

Cette fois-ci, le verglas était hors de cause. Comme l'a confirmé par la suite l'enquête, le conducteur d'un fourgon avait entrepris un dépassement sans visibilité à une « vitesse excessive ». Il avait percuté de plein fouet un camion arrivant en sens inverse. Un classique sur les tronçons de la RCEA à deux voies. Si le scénario ressemble comme deux gouttes d'eau à ceux d'autres drames qui se sont joués sur cette route, le contexte est toujours différent. Dans le cas de l'accident de l'Allier, il s'agissait du nombre de victimes et des conditions dans lesquelles elles voyageaient : 12 morts. Tous des Portugais qui rentraient au pays, entassés dans le fourgon. Une seule personne a survécu : le chauffeur. Il avait parcouru le trajet depuis la Suisse à une vitesse moyenne comprise entre 110 et 130 kilomètres-heure. Manifestement pressé d'arriver à destination.

L'enquête a révélé que le transporteur, en l'occurrence le père du conducteur, n'avait aucune licence pour transporter des personnes. Pire, il avait transformé le fourgon le matin même du départ pour accueillir plus de passagers, en ajoutant, selon la presse, des chaises de jardin et, selon l'enquête, « des sièges [avaient] été rajoutés illégalement avec ancrages ; des sièges et des ceintures de sécurité étaient défaillants ou absents ». Le chauffeur avait passé quelques jours plus tôt un permis lui permettant de transporter huit personnes au maximum. Nous sommes au XXIe siècle et des fourgons bondés foncent à travers l'Europe dans des conditions déplorables pour ne pas dire inhumaines. Mais l'autocar de Charolles semble, quant à lui, correspondre aux normes en vigueur.

L'intervention continue : Teddy et l'infirmière effectuent un rapide examen des blessés pour apporter les premiers soins et prioriser les victimes. Ils identifient aussitôt trois urgences absolues, parmi elles un enfant de 3 ans et son père. Le diagnostic du médecin permet de déterminer sans attendre le nombre d'ambulances à envoyer sur place. Pour ne pas engorger un seul hôpital, les blessés seront répartis dans quatre d'entre eux : Paray, Mâcon, Moulins et Roanne.

43

Au lever du jour, vers 8 heures, je redresse enfin la tête. Je n'ai pas vu le temps passer depuis que je suis sur place. Nous avons d'abord sorti les blessés de l'autocar, transportés ensuite vers un poste médical avancé, installé au Café du commerce de Charolles. Son propriétaire, un ancien sapeur-pompier, l'a mis à disposition des secours. Au fur et à mesure de l'arrivée des renforts, la chaîne de commandement s'est mise en place. Le chef de site se présente à son tour. Je me sens aussitôt soulagé. Je retrouve progressivement mon rang de chef de secteur, mobilisé avec ses pompiers sur un accident de la route aux dimensions exceptionnelles. Cette fois-ci, c'est bon. Je peux souffler un peu. L'opération est sous contrôle. Le dispositif travaille à plein régime. Les choses rentrent progressivement dans l'ordre.

Je me retourne et je découvre la présence du préfet, du maire Pierre Berthier, de notre colonel et celui de la gendarmerie. Nous sommes 90 pompiers sur les lieux de l'accident. Il y a aussi une vingtaine de gendarmes et six équipes de SMUR.

Dans les minutes qui suivent, je suis interrogé par le directeur. Ce n'est que face à ma hiérarchie que je me rends réellement compte de ce que je viens de vivre. Je prends enfin du recul par rapport à l'intervention. Je suis sidéré par la description que je fais de la scène à mon arrivée : le bus sur le bas-côté, les blessés, les quatre victimes, le froid et surtout le silence.

Je ne suis pourtant pas au bout de mes peines. Les journalistes, restés à distance jusque-là, sont autorisés à se rapprocher pour prendre des images du bus dans le fossé, avant que la carcasse soit évacuée. Il y a un gros problème. Si nous relevons le bus, les corps des quatre victimes, qui gisent au sol, vont apparaître au grand jour, dans le champ des photographes et des caméras.

Après la gestion de l'accident, nous entrons dans une nouvelle phase : la protection des victimes, pour éviter que leurs visages ne fassent le tour du monde. Pour les dissimuler, nous prenons des draps blancs que nous tendons comme un cordon. Des moyens rudimentaires pour préserver leur identité et leur intimité.

Mais lorsque nous mettons en place le périmètre avec les draps, je constate un mouvement en provenance des photographes et journalistes. Ils se déplacent pour prendre de la hauteur. Je maudis intérieurement la société de l'immédiateté, où nous avons besoin de tout savoir et de tout voir, tout de suite. En tout état de cause, nous nous retrouvons confrontés à des médias qui cherchent à contourner notre cordon humanitaire. Devant l'autocar, nous sommes alors contraints de lever les draps encore plus haut. Après une nuit comme celle que nous avons vécue, nous nous serions bien passés de cet épisode.

Cette opération de dernière minute ne gâche pas pour autant la satisfaction du travail accompli. L'accident de l'autocar a mis à l'épreuve le dispositif des pompiers de Saône-et-Loire. Nous sommes parvenus à évacuer les 30 rescapés, à éviter un suraccident et même à préserver les visages des victimes. Nous avons tout donné. Toute notre énergie. Tout ce que nous avons appris dans notre formation, et beaucoup plus encore. Toutes ces heures passées à la caserne à vérifier l'état de nos véhicules, à préparer nos affaires pour être prêts à partir à tout moment, à parfaire nos connaissances des premiers soins ou de la gestion de nos équipements, à faire du sport pour être au mieux de notre forme, à nous priver de moments de plaisir partagés avec nos familles et nos amis parce que nous étions d'astreinte : tous ces sacrifices prennent ce matin du 8 janvier tout leur sens.

44

5 février 2019. C'est la vie, ce bien si précieux que nous chérissons tant, que nous recherchons dès notre arrivée sur une intervention, que Fanny et moi donnons. Ma compagne met au monde un magnifique bébé, dont nous sommes tellement fiers. Il pousse ses premiers cris, il gigote dans nos bras, resserre ses petits poignets sur nos pouces. Nous n'avons plus besoin d'entendre battre son cœur. La vie est là, devant nos yeux émerveillés.

Quant au sexe, c'est... une fille ! Qui répond au doux prénom de Luce.

Bienvenue au monde, Luce, bien qu'il soit un peu troublé en ce moment. Tu découvriras la vie par toi-même, tu te fraieras ton chemin. Nous accompagnerons tes premiers pas et les suivants. J'assurerai des journées et des week-ends de garde pour t'apporter un biberon et apaiser tes peurs. Je serai parfois un peu « relou » sur la sécurité. J'ai déjà ton siège auto, c'est ce qui se fait de mieux. Et lorsque tu apprendras à conduire, je te rappellerai de mettre ta ceinture, de ralentir lorsque tu arriveras dans une localité, de garder une distance suffisante par rapport au camion qui te précède.

D'ici à ce que tu aies ton permis, la RCEA aura changé. Elle sera prochainement entièrement mise à quatre voies sur le département. Elle perdra progressivement sa mauvaise réputation. Il ne restera qu'un court tronçon à deux voies : le viaduc de Charolles, comme un mémorial en souvenir de tous ceux tombés sur cette route, mais aussi de tous ceux qui ont été sauvés.

À la caserne, je prendrai peut-être un jour le rôle de Christian Martin pour devenir, à mon tour, la mémoire du centre. Je raconterai l'accident du bus portugais aux nouveaux pompiers volontaires dans l'attente de leur baptême du feu. Ils se demanderont sans doute s'ils seront à la hauteur dans de pareilles circonstances. Je les encouragerai, je les soutiendrai, je ferai tout mon possible pour qu'ils aient confiance en eux. Pour qu'ils soient prêts à partir pour protéger, secourir, aider et assister. RCEA ou pas, ils seront encore là. Je ne sais pas à quoi ressemblera mon métier lorsque tu auras 20 ans, Luce. Mais je suis sûr d'une chose : on aura toujours besoin de pompiers.

MIXTE
Papier issu de
sources responsables
FSC® C003309

Les papiers utilisés dans cet ouvrage
sont issus de forêts responsablement gérées.

Cet ouvrage a été achevé d'imprimer sur Roto-Page
par l'Imprimerie Floch à Mayenne en septembre 2019.
N° d'édition : 6230 – N° d'impression : 94980
Imprimé en France

M06230/01